论语新注

子曰：学而时习之，不亦说乎？
子曰：有朋自远方来，不亦乐乎？
子曰：人不知而不愠，不亦君子乎？

周廉溪　周海颖　译注

中国海洋大学出版社
CHINA OCEAN UNIVERSITY PRESS

序

孔子是对中国乃至全球影响最深远的伟人之一。

《论语》是语录汇编,大部分是孔子与其弟子的对话,也有其弟子之间的对话,由孔子弟子或再传弟子记录成书。

《汉书·艺文志》载:“《论语》者,孔子应答弟子时人及弟子相与言而接闻于夫子之语也。当时弟子各有所记。夫子既卒,门人相与辑而论纂,故谓之《论语》。”语,是一种文体,《周礼》郑玄注:“答述曰语。”

汉初,《论语》有三种版本。鲁人所传的《论语》二十篇,传十九篇;齐人所传《论语》二十二篇;出于孔宅壁内的古文《论语》二十一篇。三家传本大同小异。西汉末,成帝之师张禹依据《鲁论》,参考《齐论》,编为定本,称《张侯论》,为当时儒生所尊奉。

东汉末,郑玄又校订《鲁论》,今本论语就是在此书的基础上形成的。

《论语》在塑造建构中国人文化心理的历史进程中,起到了重大作用。自汉代至清代两千多年间,封建王朝都以《四书》《五经》作为求仕的必读书,儒学成了士大夫、读书人言行的基础。还编写了《千字文》《三字经》《幼学琼林》《增广贤文》以及各种小说、戏曲、鼓词、评书、年画、乡规民约,把儒学宣传到各阶层,即使百姓也耳濡目染,知道忠孝仁爱,礼义廉耻。

孔子生于春秋末期，恰逢周王朝礼崩乐坏，诸侯恃强凌弱。孔子在鲁国不得志，率弟子周游列国，风尘跋涉十四载，竟无一个国君愿任用他。

《汉书·董仲舒传》载，汉武帝时，“推明孔氏，抑黜百家”，任用儒者为相。此后两千多年，孔子广受推崇。宋代开国宰相赵普“半部论语治天下”，表明《论语》中仁、爱、忠、恕、信、义等基本理念对治国的重要作用。

清末，中国沦为半殖民地，国人以为是儒学所致，因而，孔子被批判了多年。即使在此时，中学语文课本仍选用了《论语》的部分章节。改革开放以来，孔子作为中华文化的优秀代表走向世界。

《四书》《五经》蕴含着许多优秀思想。多年来，人们认为民本思想产生于17、18世纪的欧洲，西方也以此傲视全球。而中国民本思想的产生比欧洲早了两千年。《尚书·五子之歌》载：“民可近，不可下，民为邦本，本固邦宁。”《论语》讲“仁”“恕”也体现了民本思想。

儒家的许多治国理念在今天看来仍然十分先进，《尚书·大禹谟》载：“罔游于逸，罔淫于乐。任贤勿贰，去邪勿疑。”“帝德罔愆，临下以简，御众以宽；罚弗及嗣，赏延于世……罪疑惟轻，功疑惟重；与其杀不辜，宁失不经……”即使在今天，这些理政和司法原则仍是高标准。“罚弗及嗣”，即惩罚罪人不株连子孙；“罪疑惟轻”与“疑罪从无”已很接近。两千年前，中国已开始尊重人权。

1994年退休后，我潜心读《论语》。汉代以来，《论语》注本逾两千种，今天能见到的也有百种。我读了宋代邢昺《论语注疏》（简称《注疏》）、朱熹《论语集注》（简称《集注》），清代刘宝楠《论语正义》（简称《正义》），现代程树德《论语集释》（简称《集释》）、杨伯峻《论语译注》（简称《译注》）、南怀瑾《论语别裁》（简称《别裁》）。

这些书帮我基本读懂了《论语》,前人对文义和字义的注释并非完美无缺,我选用其中最合适的,借助《汉语大字典》诠释字义,力求将古汉语句法结构逐一讲清,并说明古今语法的异同,译文直译、意译兼用。

《论语新注》是读书笔记,是作者自己的认识,同时就教于读者。我的学生青岛正望钢水控制股份有限公司董事长张正民,多年来诚信经营,事业有成,看重师生之谊,愿出资出力为老师出书。这十多万字的书稿,全靠公司总经理办公室主任贾兆存和有关工作人员费时费力整理成电子稿。对此,我谨致谢意!

书中不当或疏漏之处,望大家指正。

周廉溪

2016年6月10日

目　录

1. 学而

1.1 子曰:“学而时习之,不亦说乎?有朋自远方来,不亦乐乎?人不知,而不愠,不亦君子乎?”

【注】

时:名词作状语,相当于“时时”“常常”。习,温习、实习。当时孔子教的是“六艺”——礼、乐、射、御、书、数,含知识、技能。

说(yuè):《四书考异》载:“古喜、说,论说同字,汉后增从‘心’字别之。”《新修字义》载:“经典只作‘说’。”然《毛诗》“悦怿美女”,陆氏释云:“又作‘悦’。”而《孟子》只用“悦”字,则二字通写已久。

“不亦……乐乎”即“不乐乎”。“亦”是助词,表委婉反问。

朋:同门(师)为朋,同志为友。

知:了解。

愠:怨恨,怒。

《论语疏证》:“学而时习,即温故也;温故能知新,故说也。又:人友天下之善士,故有朋自远方来……可以证学业,析疑义,虽欲不乐,得乎?”

【译文】

孔子说:“学习并且时常温习,不也高兴吗?有志同道合的人从远方来(访),不也快乐吗?别人不了解(我的才能),但我却不生气,(这)不也是君子(风度)吗?”

1.2 有子曰:“其为人也孝弟,而好犯上者,鲜矣;不好犯上,而好作乱者,未之有也。君子务本,本立而道生。孝弟也者,其为仁之本与!”

【注】

有子:孔子学生,姓有名若,外貌像孔子,孔子死后,曾一度为许多孔门弟子所尊重。《论语》记载孔子的学生时一般称字,独曾参和有若称“子”。因此有人推测,《论语》是他二人的学生纂述的。

其:那、那些。

也:在主语后表顿宕,舒缓语气。

弟(tì):悌,古今字,意为敬爱兄长。孝悌是维护家庭关系和社会关系的重要道德力量。

鲜:少。

未之有也:未有之也。否定句代词宾语前置。

务:致力,从事。

本:草本的根或茎干。此指基础,根本。

道:事物的基本道理,此处指孔子提倡的仁道。

……也者:语气词连用,“也”表延宕,“者”表提顿。

仁:古代的一种道德范畴,其核心是爱人,与人相亲。

【译文】

有子说:“那些为人孝顺父母、敬爱兄长,却喜好冒犯上层统治者的人,极少;不喜好冒犯上层统治者却喜好作乱的人,没有。君子致力于根本,根本确立了,仁道就产生了。孝敬父母、敬爱兄长,这是仁的根本吧!”

按:孝悌能和睦家庭、稳定社会,是仁的根本。

1.3 子曰:“巧言令色,鲜矣仁。”

【注】

巧言令色:巧,虚浮不实,伪诈;令,善,美好。令色,卑恭和顺的样子。《集解》包曰:“巧言,好其言语。令色,善其颜色。皆欲令人说之,少能有仁也。”《日知录》载:“天下不仁之人有二:一为好犯上作乱之人,一为巧言令色之人。”

鲜矣仁:“仁鲜矣”之倒装。

【译文】

孔子说:“花言巧语,表面卑恭谦和的人,仁德极少。”

1.4 曾子曰:“吾日三省吾身:为人谋而不忠乎?与朋友交而不信乎?传不习乎?”

【注】

曾子,名参(shēn),字子舆,孔子弟子。

日:每天,天天。名词作状语。

三省(xǐng):三,多次,古代在动词前用“三”“九”一般表次数多。若确指三次,依《论语》句法应为:“吾日省者三。”与《宪问》的“君子道者三”相同。

忠:尽心竭力。

传:传授。

【译文】

曾子说:“我每天多次反省自己:替别人谋划事情不尽力吗?与朋友交往不守信用吗?老师传授的知识没复习吗?”

1.5 子曰:“道千乘之国,敬事而信,节用而爱人,使民以时。”

【注】

道:治理,同“导”,领导,引导。2.3 的“道”意义同此。

乘:四匹马拉的兵车,为春秋时代的作战用车,因而兵力以战车数计算。春秋初期大国也没有“千乘”之数,公元前631年城濮之战,晋文公只有100乘(《左传·僖公十三年》)。到公元前529年的平丘之会,晋已有4 000乘(《左传·昭公十三年》)。孔子之时,“千乘之国”已不是大国。

敬事:敬于事。敬,慎重。事,官职,职务。《说文》载:“事,职也。”《国语·鲁语上》载:“卿大夫佐之,受事焉。”韦昭注:“事,职事也。”

用:资财。

人:人才。《史记·夏本纪》载:“于是帝尧乃求人,更得舜。”

以时:按照时令,介宾词组作补语。

【译文】

孔子说:“治理拥有千辆战车的国家,对政务(要)严肃慎重并且诚信,(要)节约资财且爱护人才,役使老百姓要按时节。”

1.6 子曰:“弟子入则孝,出则弟,谨而信,汎爱众而亲仁,行有余力,则以学文。”

【注】

弟:① 年纪幼小的人;② 学生。这里用第一义。

谨:寡言少语。《说文解字》载:“谨,慎也。”

汎:同“泛”,意为广泛。邢昺《注疏》载:“汎者宽博之语。”

众……仁:即“众人”“仁人”之省略,是以定语代中心词。

则以学文:“以”后省“之”,“之”代上文的“余力”。

文:书籍,文化典籍。《集解》何晏注引马融曰:“文者,古之遗文也。”《集注》载:“文谓诗书六艺之文。”

【译文】

孔子说:“年轻人,回家就孝顺父母,出外就敬爱兄长,谨慎而守信用,博爱众人并且亲近有仁德的人,做到了这些还有余力,就用来学习文献。"

1.7 子夏曰:"贤贤易色;事父母,能竭其力;事君,能致其身;与朋友交,言而有信,虽曰未学,吾必谓之学矣。"

【注】

子夏:孔子学生,姓卜名商,字子夏。

贤贤:前"贤"为动词,表意动,"以……为贤",引申为"崇尚"。邢昺《论语疏》:"上'贤'谓好尚之也。"后"贤"为名词,德才兼备之人。"贤贤",意为崇尚高才美德,或"崇敬贤人"。

易色:易,轻视;色,美女。

皇侃《论语义疏》:"凡人之情莫不好色而不好贤,今若有人能改易好色之心以好于贤,则此人便是贤于贤者,故云'贤贤易色'也。"

致:舍弃。朱熹《集注》:"致,犹委也。"委,舍弃。

其:本为第二人称代词"你",但可活用,有时是说话人自称,有时指称对话人。此处子夏提出对人的要求,译成"自己"比译"他的"更佳。

身:自身,自己。

【译文】

子夏说:"崇敬德才兼备的贤人,轻视女色;侍奉父母能竭尽自己的能力;侍奉君主能舍弃自己的生命;与朋友交往言而有信。(这样的人)即使自谦说未曾学习,我一定说他学习过了。"

1.8 子曰:"君子不重则不威,学则不固。主忠信,无友不如己者,过则勿惮改。"

【注】

重:庄重。何晏注:"言人不能敦重,既无威严又不能坚固识其义理。”

主:动词,“以……为主”。

友:动词,“以……为友”。“无友不如己者”即“无友忠信不如己者”,承上省略“忠信”,并非指财、权、学不如己。《集注》:“友,所以辅仁,不如己则无益而有损。”

【译文】

孔子说:“君子不庄重,就不威严,学的知识就不巩固。(要)以忠信为主,不与(忠信)不如自己的人交朋友,有了过错就不要怕改正。”

1.9 曾子曰:“慎终追远,民德归厚矣。”

【注】

慎:慎重、恭谨。《尔雅·释诂》:“慎,诚也。”《说文解字》:“慎,谨也。”

终:生命终止、死。郑玄注:“老死曰终。”《礼记·檀弓上》:“君子曰终,小人曰死。

追:追念。

远:远代祖先——定语“远”代中心词“祖先”。《集注》:“慎终者,丧尽其礼,追远者,祭尽其诚。”

归:返回。《集注》:“民德本厚,归者,复其本然之谓。”

【译文】

曾子说:“慎重对待父母的丧礼,追祭远代祖先,民众的道德风气就回归淳厚了。”

1.10 子禽问于子贡曰:“夫子至于是邦也,必闻其政,求之与?抑与之与?”子贡曰:“夫子温、良、恭、俭、让以得之,夫子之求之也,其诸异乎人之求之与?”

【注】

子禽:姓陈名亢。关于子禽有两说:一为孔子之弟子,一为子贡之弟子,未知孰是。

子贡:姓端木名赐。《史记·货殖列传》:"夫使孔子名布于天下者,子贡先后之也。"在三千弟子中,子贡与孔子的关系最密切。《论语》中,子贡出现了57次,颜回出现了32次。孔子的学说大都经子贡介绍给社会;人们要了解孔子的有关思想,总是询问子贡,而子贡也准确地为孔子代言。本节子贡的概括得到孔子的默许和孔门弟子的认可。

夫子:对做过大夫的人的敬称。孔子曾任司寇,所以学生称他为夫子,后来沿袭以称老师。

至于:至,动词,到。于,介词。

闻:知道。《集注》:"闻是一一皆知。"

抑:选择连词,还是,或是。

与:① 动词,给予;② 语气词,呢。

俭:行为约束而有节制。《集注》:"俭,节制也。"

以:介词,用、凭借。用在宾语之后,如复原应是"以……得之。"

其诸:《春秋公羊传·桓公六年》:"其诸以病桓与?"《春秋公羊传·闵公元年》:"其诸吾仲孙与?"《春秋公羊传·僖公二十四年》:"其诸此之谓与?"《译注》引黄家岱说,"其诸"意为"或者"。又,"其诸"之"其"单用也表揣度,《经传释词》:"其,犹殆也。"殆,大概、也许。

【译文】

子禽向子贡问道:"夫子到了这个国家,必定知道这个国家的政事,是访求的呢,还是别人说给他的呢?"子贡说:"夫子凭借温和、善良、恭敬、节制、谦逊取得的,夫子访求政事,或许同别人访求政事不同吧?"

1.11 子曰:“父在观其志;父没观其行。三年无改于父之道,可谓孝矣。”

【注】

其:他的,代指儿子。

没(mò):死。

三年:指较长时间,不一定三年整。

孝:《中庸》:“夫孝者,善继人之志,善述人之事者也。”人,指祖先;述,继承。

【译文】

(一)孔子说:“父亲在世,(人们要了解儿子应)观察他的志趣;父亲去世,观察儿子的行为。多年对父亲的美德善行不改动,就可以认为是孝了。”

(二)孔子说:“父亲在世,便体会他的意图;去世了,便考察他在世时的行为。对那些合理部分,长期地不加改变,可以说是尽了孝心的了。”

1.12 有子曰:“礼之用,和为贵。先王之道,斯为美。小大由之,有所不行,知和而和,不以礼节之,亦不可行也。”

【注】

礼:古代社会的等级制度,以及与此相适应的行为准则和道德规范。《礼记·曲礼上》:“夫礼者,所以定亲疏,决嫌疑,别同异,明是非也。”

和:和谐,谐调。杨树达《疏证》:“和,今言适合,恰当,恰到好处。”

道:好的政治局面或政治措施。

斯:这。指“礼”“和”。

小大:“小事”“大事”之省,用定语“小”“大”代替中心词“事”。

由:遵从,遵照。

有所:有,动词;所,结构助词,与后面的动词结合,组成名词性的"所"字词组。如所见即所见之事(或人)之意,有所不行即有不能实行的情况之意。

【译文】

有子说:"礼的运用,以恰到好处为可贵。先前圣明君王治理国家,这方面为最好。小事大事都遵循礼制,若有行不通的地方,便只为了恰当而专求恰当,不用礼(加以)节制,也是不可行的。"

注:这段说礼的作用固然在于"和"(事事恰到好处),但"和"必须以"礼"为原则。

1.13 有子曰:"信近于义,言可复也;恭近于礼,远耻辱也。因不失其亲,亦可宗也。"

【注】

信:讲信用。《集注》:"信,约信也。义者,事之宜也。复,践言也。恭,致敬也。礼,节文也。因,犹依也。宗,犹主也。言约信而合其宜,则言必可以践矣。致恭而中其节,则能远耻辱矣。所依者不失其可亲之人,则亦可以宗而主之矣。此言人之言行交际,皆当谨之于始而虑其所终。不然则因仍苟且之间,将有不胜其自失之悔者矣。"

按:"复,践言也。"《左传》中有相同用法。《左传·僖公九年》:"吾与先君言矣,不可以贰,能欲复言而爱身?"《左传·哀公十六年》:"吾闻胜也好复言……复言非信也。"这"复言"都是实践诺言之意(据《译注》)。

【译文】

有子说:"讲信用要合于义,这约言才能去实践;恭敬符合礼,就能避免耻辱。所依靠的都是亲近的人,才可靠。"

1.14 子曰:“君子食无求饱,居无求安,敏于事而慎于言,就有道而正焉,可谓好学也已。”

【注】

敏:努力,奋勉。

于:介词,意为“在……方面”,或“对”。

就:接近,“到……去”。

有道:有道之人,定语代中心词。《集注》:“凡言道者,皆谓事物当然之理,人所共由者也。”

正:匡正。

焉:语气词。

也已:语气词连用,“已”,通“矣”。

【译文】

孔子说:“君子吃饭不要求饱,居住不要求安逸,做事勤勉,说话谨慎,到有道德的人那里去匡正自己,可以说是好学的了。”

1.15 子贡曰:“贫而无谄,富而无骄,何如?”子曰:“可也。未若贫而乐,富而好礼者也。”

子贡曰:“《诗》云:‘如切如磋,如琢如磨’,其斯之谓与?”子曰:“赐也,始可与言《诗》已矣,告诸往而知来者。”

【注】

何如:《论语》中的“何如”都可译为“怎么样”。

贫而乐:《史记·孔子弟子传》引文作“贫而乐道”。

如切如磋,如琢如磨:见于《诗经·卫风·淇奥》。

诸:兼词,之、于的合音,在此句可解为“之”。

往:过去的事,此句指已知的事。

来者:未来的事,此句指未知的事。

【译文】

子贡说:“贫穷却不谄媚,富有却不骄横,怎么样?”孔子说:“可以了,但是还不如贫穷却乐于道,富有却谦虚好礼。”

子贡说:“《诗经》上说:‘要像对象牙、玉石一样切磋琢磨,就是这个意思吧?’”孔子说:“赐呀,现在可以同你讨论《诗经》了,告诉你已知的事,你就能推知未知的事了。”

1.16 子曰:“不患人之不己知,患不知人也。”

【注】

患:担忧。

人之不己知:即“不知己”。文言否定句的宾语如果是代词,就应放到动词之前。“人不己知”是个完整的句子,做“患”的宾语,加“之”取消其独立性,成为偏正词组。

【译文】

孔子说:“不担忧别人不了解自己,担忧自己不了解别人。”

2. 为政

2.1 子曰:"为政以德,譬如北辰,居其所而众星共之。"

【注】

为:治理。《小尔雅·广诂》:"为,治也。"

以德:以,介词,与"德"组成介宾短语,用在谓语后作补语。古汉语中,"以"构成的词组放在动词谓语前后皆可,现代汉语中只能作状语。

北辰:北极星。

共:同"拱",拱卫、环绕。

【译文】

孔子说:"(国君)用道德来治理国政,就像北极星一样,居于一定的位置,群星都环绕着它。"

2.2 子曰:"《诗》三百,一言以蔽之,曰:'思无邪'。"

【注】

《诗》三百:《诗经》共三百零五篇,"三百"是举其整数。

思无邪:本是《诗经·鲁颂·駉》之句,孔子借用来评论《诗经》的全部诗篇。《诗经直解》:"思虑真诚,没有邪曲。"

【译文】

孔子说:"《诗经》三百篇用一句话概括,就是思想纯正,没有邪念。"

2.3 子曰:“道之以政,齐之以刑,民免而无耻;道之以德,齐之以礼,有耻且格。”

【注】

道之以政:《集注》:“道,犹引导,谓先之也。政,谓法制禁令也。”

齐:整齐,使整齐,使动用法即约束、统一。《集注》:“齐,所以一之也。導之而不从者,有刑以一之也。”

无耻:做了坏事不知羞耻。

格:《集注》:“格,至也……一说格,正也。”按:此两解都通,但不一定符合孔子原意。《译注》有新解。《礼记·缁衣》:“夫民,教之以德,齐之以礼,则民有格心;教之以政,齐之以刑,则民有遁心。”这是对孔子此言最早的注释。此处“格心”“遁心”相对成文。遁,有“逃避”义。逃避的反面是亲近、归服、向往,所以“格”应译作“人心归服”。

【译文】

孔子说:“用政法引导民众,用刑罚整治民众,民众能免于受刑,却对犯罪无羞耻之心;用道德引导民众,用礼教来整治规范民众,民众不仅有廉耻之心,而且真心归服。”

2.4 子曰:“吾十有五而志于学,三十而立,四十而不惑,五十而知天命,六十而耳顺,七十而从心所欲不逾矩。”

【注】

有:同“又”。

志:皇侃《论语义疏》:“志者,在心之谓也。孔子言我年十五而学在心也。十五是成童之岁,识虑坚明,故始此年而志学也。”

立:《集释》:“程树德按:‘窃谓立止是学有成绩之义。’刘宝楠曰:“诸解立为立于道,立于礼,皆统于学,学不外道与礼也。”

天命:孔子把人力不能支配的事归之于天命,把一切偶然性甚至某些必然性归之于天命,这是孔子思想中一个重要的问题。

耳顺:郑玄曰:"耳顺,闻其言而知其微旨也。"即对别人的话能辨别真假,判明是非。毛泽东 1961 年对中南局书记吴芝圃解释"耳顺":"耳顺者,好话坏话都听之谓也。"(《报刊文摘》1966 年 3 月 15 日)

从:随。

矩:画直角或方形的尺。《荀子》:"圆者中规,方者中矩。"

【译文】

孔子说:"我十五岁立志学问,三十岁学业有成,四十岁不受(邪说)迷惑,五十岁懂得天命,六十岁对好话坏话都能心平气和地听,七十岁能随心所欲不逾越规矩。"

2.5 孟懿子问孝。子曰:"无违。"樊迟御,子告之曰:"孟孙问孝于我,我对曰,无违。"樊迟曰:"何谓也?"子曰:"生,事之以礼;死,葬之以礼,祭之以礼。"

【注】

孟懿子:鲁国的大夫,姓仲孙,名何忌。懿子是谥号。

无违:不要违背。《集注》:"无违谓不背于理也。"

樊迟:孔子的学生,姓樊名须,字子迟。比孔子小 46 岁。

御:驾车。

【译文】

鲁国大夫孟懿子向孔子请教孝道。孔子说:"不要违背礼制。"(后来)樊迟替孔子赶车,孔子告诉他说:"孟懿子向我请教孝道,我回答说,不要违背礼制。"樊迟问:"什么意思?"孔子说:"父母在世时,按礼节侍奉他们;父母去世了,按礼制安葬他们,按礼制祭祀他们。"

2.6 孟武伯问孝。子曰:“父母唯其疾之忧。”

【注】

孟武伯:姓仲孙名彘,孟懿子的儿子,“武”是其谥号。

其:代词,相当于“他的”。古人对“其”有两解,王充《论衡·问孔》:“武伯善忧父母,故曰唯其疾之忧。”《淮南子·说林训》:“忧父之疾者子,治之者医。”高诱注:“父母唯其疾之忧,故曰忧之者子。”可见王充、高诱都认为“其”字代父母。而马融说:“言孝子不妄为非,惟疾病然后使父母忧。”他认为“其”代孝子。此二说都通,但马说符合语法。

“唯……之……”:表示宾语前置。“唯”,范围副词,强调宾语的单一性、排他性,“父母唯其疾之忧”即父母唯忧其疾。“父母”是主语,“忧”是谓语,“其疾”是宾语。显然,“其”指儿子。“之”是宾语前置的标志。

【译文】

孟武伯问孝道,孔子说:“(儿子不为非作歹),父母只为儿子的疾病担忧。”

2.7 子游问孝。子曰:“今之孝者,是谓能养。至于犬马,皆能有养。不敬,何以别乎?”

【注】

子游:孔子学生,姓言名偃,字子游,吴人,比孔子小45岁。

养:赡养,供养,喂养。《集注》:“养谓饮食供奉也。犬马待人而食,亦曰养马。言人养犬马皆能有以养之,若能养其亲而敬不至,则与养犬马者何异。甚言不敬之罪,所以深警之也。”

至于:《诗词曲语词汇释》中将“至于”解作“即使”“就是”,在这句中都讲得通,但按现代汉语规律把“至于”看作“另提一件事”

的连词,也讲得通。

何以:即“以何”。疑问代词作宾语,要把宾语前置。

【译文】

子游问孝道。孔子说:“现在所谓的孝,只是说能赡养父母就行了。即使犬马也能得到饲养。若对父母不尊敬,那怎么区别赡养父母和饲养犬马呢?”

2.8 子夏问孝。子曰:“色难。有事弟子服其劳,有酒食先生馔,曾是以为孝乎?”

【注】

色难:《集注》:“色难,谓事亲之际,惟色为难也。”指子女侍奉父母时经常保持和颜悦色是件难事。

弟子、先生:《译注》:“刘台拱《论语骈枝》:‘《论语》言‘弟子’者七,其二皆年幼者,其五谓门人。言‘先生’者二,皆谓年长者。’”马融说:“先生谓父兄也。”

馔:吃喝。

曾(céng):副词,竟。

【译文】

(一)子夏问孝道。孔子说:“和颜悦色地侍奉父母最难。有事时,年轻人为他效劳;有了酒食,让年长的人吃。这样可以叫作孝吗?”

补注:古棣《论语译说》引清刘沅《四书恒解》说:“称父母为先生,人子于父前称弟子,自古无此理。”翟氏《四书考异》:“服劳、奉养弟子于先生有然……若人之事亲,当更有进此者矣。”郑浩《论语集注述要》:“以‘先生’训‘父兄’,家庭父子兄弟改称先生弟子,虽曰本于马融注而他处绝不经见,向甚疑之。及读《四书考异》云云，遂为恍然。事师、事亲同一左右就养，虽为《内则》所载，然师者，道之所在，严肃之意较多，事父母更当柔色以温之。夫子言此，乃弟子事先生之礼不足为孝也。”此说甚是，可谓解开了千古疑难。原文中的弟子就是“学生”，“先生”就是老师，此话译成今语就是：有事要做，学生效劳；有了美酒佳肴，让老师吃喝，这样对待父母难道就是孝吗？据此，可译如下。

（二）子夏问孝道，孔子说：“（侍奉父母）经常保持和颜悦色很难。（如果只像师生关系），有事学生为老师效劳；有酒饭，让老师吃喝。这样（对待父母）竟可认为是孝吗？”

2.9 子曰：“吾与回言终日，不违，如愚。退而省其私，亦足以发，回也不愚。”

【注】

回：颜回，字子渊，鲁国人。孔子最得意的学生之一。

不违：不提相反的意见和问题。《集注》：“不违者，意不相悖，有听受而无问难也。”

退：从老师那里退下。

省：察看。

私：私下的言行。《集注》：“私谓燕居独处，非进见请问之时。”

【译文】

孔子说：“我与颜回整天谈学问，他只听讲而不谈相反意见，好像愚笨。他退下之后，我观察他私下和同学谈论，也能够发挥（学过的知识），颜回呀，不愚笨。”

2.10 子曰：“视其所以，观其所由，察其所安。人焉廋(sōu)哉？人焉廋哉？”

【注】

所以:《古代汉语词典》:用在动词之前,构成名词性词组,指代人或事物。按:这一规律古今相同。如“所见”一词,“所”,与动词“见”构成名词性词组“所见之人”或“所见之事”。以:《集注》:“以,为也。为善者为君子,为恶者为小人。”又《大戴礼记·文王官人》:“考其所为”。“所以”即所为、所做之事。

所由:《论语疏证》:“由,行也。”所由谓其所由行之路径。按:指所从由的道路,即处理事务的方式方法。

所安:《论语疏证》:“所安谓其所愿乐也。”即所愿所乐之事。

廋(sōu):音“搜”,隐藏、藏匿。

【译文】

孔子说:“看一个人所做的事,观察他的处事方式,考察他愿做乐做之事,(这样)那些伪君子向何处藏匿呢?”

2.11 子曰:“温故而知新,可以为师矣。”

【注】

温:温习、复习。《集注》:“言学能时习旧闻而每有新得。”

【译文】

孔子说:“温习旧知识就能获取新体会新发现,凭此就可以做老师了。”

2.12 子曰:“君子不器。”

【注】

不器:器,名词,器皿。不器,即不像器皿一样。现代汉语中,“不”不能用在名词前。

【译文】

孔子说:“君子不像器皿一样,只有一定的用途。”

2.13 子贡问君子。子曰:“先行其言而后从之。”

【注】

问君子:问怎样才算君子,或问关于君子的问题。“君子”不是问的对象。

先行其言:行,实行。其,反身代词,指“自己”。《集注》:“‘先行其言者’,行之于未言之前。‘而后从之’者,言之于既行之后。”简言之,即“行出言随”。

【译文】

(一)子贡问怎样算是君子。孔子说:“先实行了自己(要说)的话,然后才说出来。”

补注:《论语集释》的断句是:“先行,其言而后从之。”沈括《梦溪笔谈》:“《论语》‘先行’当为句,‘其言’自当后也。”

《论语详解》:“‘先行’断句,谓不言而行也。‘其言’,谓凡言,‘而后’谓行之后。”

(二)子贡问怎样算是君子。孔子说:“君子先实践,言论放在实践之后。”

2.14 子曰:“君子周而不比,小人比而不周。”

【注】

周:亲密。《论语集解》:“孔(安国)曰:‘忠信为周,阿党为比。’”《集注》:“周,普遍也。比,偏党也。皆与人亲厚之意,但‘周’公,‘比’私耳。”比,勾结,结党营私。《说文》:“比,密也。”

【译文】

孔子说:“君子忠信亲密但不结党营私,小人结党营私但不忠信亲密。”

2.15 子曰:“学而不思则罔,思而不学则殆。”

【注】

罔:通“惘”,迷惑无知。《论语集解》:“包咸曰:‘学而不寻思其义,则罔然无所得。’何晏曰:‘不学而思,终卒不得,徒使人精神疲殆。’”

殆:疑惑。王引之《经义述闻》:“殆,犹疑也。谓所见之事若可疑,则罔而不敢行也。”

【译文】

孔子说:“只学习不思考,就会迷惑无所知;只思考不学习,就会疑惑不解。”

2.16 子曰:“攻乎异端,斯害也已。”

【注】

攻:专心从事,致力研究。《吕氏春秋·上农》:“农攻粟,工攻器,贾攻货。”《集注》:“攻,专治也。故治木石金玉之工曰攻。异端,非圣人之道,而别为一端。”

乎:用在动词后的“乎”同“于”。

斯:这。

也已:语气词,连用加强感叹语气。

【译文】

孔子说:“研究异端邪说,这是祸害啊!”

2.17 子曰:“由!诲女知之乎!知之为知之,不知为不知,是知也。”

【注】

由:子由,姓仲名由。《集注》:“孔子弟子,姓仲,字子路,好勇,盖有强不知以为知者,故夫子告之。”

诲:教导。《说文解字》:“诲,晓教也。”段玉裁注:“明晓而教之也。”

女:通“汝”。古今字,古“女”,今“汝”。

知:“志”的假借字,记忆,记住。俞樾《群经平议》:“言我今诲女,女其志之也。”

知:智慧。智的古字。

【译文】

孔子说:“由啊!我教导你,你要记住啊!知道就是知道,不知道就是不知道,这才是明智的。”

2.18 子张学干禄。子曰:“多闻阙疑,慎言其余,则寡尤;多见阙殆,慎行其余,则寡悔。言寡尤,行寡悔,禄在其中矣。”

【注】

子张:孔子弟子,姓颛孙,名师,字子张,陈人。

干禄:干,求取。《尔雅·释言》:“干,求也。”禄,俸禄。当官必有俸禄,因而,“干禄”意为求取官职。

阙疑:阙,现代为“缺”。《论语注疏》:“多问博学,疑则缺之,尤须慎言其余不疑者,则少过也。”《正义》:“阙,空也,其义有未明未安于心者,阙空之也。”《现代汉语词典》:“阙疑,把疑难问题留着,不下判断。”

寡尤:少犯错误。尤,过错。

阙殆:殆,疑惑。《经义述闻》:“殆,犹疑也。谓所见之事若可疑,则阙而不敢行也。”《译注》:“上文作‘阙疑’,这里作‘缺殆’,‘疑’

和‘殆’是同义词，所谓互文见义。”按：这是互文的另一种形式，为避免同词重出而换用同义词。

【译文】

子张（想）学求官得俸禄的方法。孔子说：“多听，有怀疑之处，保留着，其余不怀疑的，也要谨慎地说，就能少犯错；多看，有怀疑之处，保留着，其余不怀疑的，也要谨慎地实行，就能少有悔恨。言论错误少，做事悔恨少，官职俸禄就在这里面了。”

2.19 哀公问曰：“何为则民服？”孔子对曰：“举直错诸枉，则民服；举枉错诸直，则民不服。”

【注】

哀公：鲁国国君，姓姬名将，鲁定公之子，“哀”是其谥号。

孔子对曰：《论语》中，臣下对答君上的询问一定用“对曰”。《集注》：“凡君问皆称‘孔子对曰’者，尊君也。”

错：通“措”，放置。《说文解字注》：“错，或借为‘措’字，措者，置也。”

诸：“之于”的合音，之，代词；于，介词，在。

枉：弯曲。此处引申为邪曲，不正直。《论语集解》：“包氏曰：‘错，置也。举用正直之人，废置邪枉之人，则民服其上也。’”按：“枉”“直”之后省“者”，即“枉者”“直者”。

【译文】

鲁哀公问：“怎样做才能使民众服从？”孔子回答：“选拔正直的人，把他安置在邪曲的人上面，民众就会服从；选拔邪曲的人，安置在正直的人上面，民众就不服从。”

2.20 季康子问：“使民敬、忠以劝，如之何？”子曰：“临之以庄，则敬;孝慈,则忠;举善而教不能,则劝。”

【注】

季康子:姬姓,季孙氏,名肥,鲁哀公时正卿,位高权重。“康”是其谥号。

以:连词,相当于“与”“和”。马瑞辰《诗经通释》:‘以’‘与’古通用。”

如之何:表疑问的固定格式,可在动词前表反问,也可在句末表询问。此句中可译为“怎么办”。

临:降临,从上面到下面去。《论语疏证》:“自上莅下曰临。”

劝:努力工作。《小尔雅》:“劝,力也。”

【译文】

季康子问:“使民众对上尊敬、忠诚和努力劳作,(应该)怎么办?”孔子说:“(执政者)莅临民间,以端庄的态度对待民众,民众对上就尊敬;(执政者)孝顺父母,慈爱儿女,民众就会对上忠诚;举用好人,教育无技能的人,民众就会努力工作。”

2.21 或谓孔子曰:“子奚不为政?”子曰:“《书》云:‘孝乎唯孝,友于兄弟,施于有政。’是亦为政,奚其为为政?”

【注】

或:代词,泛指人或事物,相当于“有人”“有的”。

奚:疑问代词,相当于“何”“为什么”。

《书》云:以下三句是《尚书》逸文。

施:实行;施展。《译注》:“施,这里应当‘延及’讲,前人解为‘施行’不妥。”按:解为“施行”,即用行政手段推行,与道德范畴的“孝”和孔子的“在野”身份不协调。而解为“延及”,语意较圆满。但“施”应读 yì ,《汉语大词典》:“施(yì):蔓延,延续。”《集韵·寘韵》:“施,及也。”

有:助词,无义,用于名词前,是构词的一种形态。

【译文】

有人对孔子说:“您为何不参与政治?”孔子说:“《尚书》说:‘孝啊,孝敬父母,友爱兄弟,可以影响政治。’这也就是从政,为什么一定是做官才是从政呢?”

2.22 子曰:“人而无信,不知其可也。大车无輗(ní),小车无軏(yuè),其何以行之哉?”

【注】

而:如果。

信:诚信。

可:《正义》引郑注云:“不知可者,言不可行也。”

輗(ní)、軏(yuè):牛拉之车叫大车,有两条车辕,牛驾在车辕之间。马拉之车叫小车,有一条车辕,两匹马分别驾于辕两边。车辕前头有一条驾牲口的横木。大车的横木叫“鬲”,小车的叫“衡”。衡、鬲与车辕相接处,都有关键固定,“輗”是“鬲”的关键,“軏”是“衡”的关键,“关键”是木或金属做的插销,用以固定横木。

【译文】

孔子说:“人如果无诚信,不知他怎么可以做人。大车没有固定横木的輗,小车没有固定横木的軏,怎么能走呢?”

2.23 子张问:“十世可知也?”子曰:“殷因于夏礼,所损益可知也;周因于殷礼,所损益可知也。其或继周者,虽百世可知也。”

【注】

世:一世即现代所说的一代人。《说文》:“三十年为一世。”子张问“十世”,“十世”即300年。

因:沿袭。

所损益:损,减少。《说文解字》:“损,减也。”益,增加。

其或继周者:其,时间副词,将、将来;或,或许、也许。

【译文】

子张问:“今后十代(的礼仪)可以预先知道吗?”孔子说:“殷朝沿袭夏朝的礼制,所减的、所增加的,是可以知道的;周朝沿袭殷朝礼制,他所废除的、所增加的,也是可以知道的。将来也许有继承周朝的,即使一百代也是可以知道的。”

2.24 子曰:“非其鬼而祭之,谄也。见义不为,无勇也。”

【注】

鬼:一是指鬼神,二是指死去的祖先。《集解》:“郑曰:人神曰鬼,非其祖考而祭之者是谄求福也。”《集注》:“非其鬼,谓非其所尝祭之鬼。谄,求媚也。”

【译文】

孔子说:“不是自己的祖先却去祭祀他,这是谄媚。见到应义无反顾去做的事却不作为,这是没有勇气。”

3. 八佾

3.1 孔子谓季氏："八佾舞于庭，是可忍也，孰不可忍也？"

【注】

季氏：《集注》："鲁大夫季孙氏也。"

谓：评论。《集释》引皇疏："谓者评论之辞也。"

八佾：佾，乐舞的行列，每佾八人。《集注》："佾，舞列也。天子八，诸侯六，大夫四，士二。每佾人数如其佾数，或曰每佾八人，未详孰是。"季氏以大夫而僭用天子之礼乐，孔子言其此事尚忍为之，则何事不可忍为。或曰："忍，容忍也。"

庭：厅堂。《说文通训定声》："庭，今俗谓之厅。"

孰：什么。

【译文】

孔子评论季氏说："用八列六十四人的舞队在厅堂中奏乐舞蹈，这种（僭越的）事可以容忍，还有什么不可容忍？"

3.2 三家者以《雍》彻。子曰："相维辟公，天子穆穆，奚取于三家之堂？"

【注】

三家：鲁国当政的三家。即孟孙氏、叔孙氏、季孙氏。《集注》："三家，鲁大夫孟孙、叔孙、季孙之家也。"

《雍》：《诗经·周颂》篇名。

彻：是"撤"的假借字，指祭毕撤去的祭品，天子宗庙之祭，唱

《雍》以撤祭品。三家"以《雍》彻"是僭越天子之礼。相,助也。辟公,诸侯也。穆穆,深远之意,天子之容也。此《雍》诗之辞,孔子引之,"言三家之堂非有此事,亦何取与此义而歌之乎?讥其无知妄作,以取僭越之罪"。

僭越:超越本分冒用在上的名义或物品。

【译文】

仲孙、叔孙、季孙三家祭祀祖先时,(也用天子的礼仪)唱着《雍》这首诗撤除祭品。孔子说:"《雍》诗里说:'诸侯助祭,天子庄重地主祭。'这两句诗,怎能用在三家祭祖的大厅上呢?"

3.3 子曰:"人而不仁,如礼何?人而不仁,如乐何?"

【注】

而:假设连词,如果。

如礼何:如,同"奈",处置,对付。"如……何"即"对……怎么办""把……怎么样"。

【译文】

孔子说:"人如果不仁,怎样对待礼仪呢?人如果不仁,怎样来对待乐呢?"

3.4 林放问礼之本。子曰:"大哉问!礼,与其奢也,宁俭;丧,与其易也,宁戚。"

【注】

林放:鲁国人,后来成为孔子弟子。

本:根本,本质。

大哉问:宾语前置,即问大哉。

与其……宁:连词,表取舍关系。

易:周到,稳善。《礼记·檀弓上》:"子路曰:'吾闻诸夫子:丧礼,与其哀不足而礼有余也,不若礼不足而哀有余也……'"可以看作"与其易也宁戚"的最早的解释。《集注》:"易,治也"。《孟子》:"易其田畴"。在丧礼节文习熟而无哀疼惨怛(dá)之实者也。怛,悲痛。

【译文】

林放问礼的根本。孔子说:"你的问题真大!一般的礼仪,与其奢侈铺张,宁可俭约;治办丧礼,与其礼仪周到,宁可悲伤。"

3.5 子曰:"夷狄之有君,不如诸夏之亡也。"

【注】

夷狄:古代中原地区的人对周边地区的贬称。《尔雅·释地》:"九夷、八狄、七戎、六蛮谓之四海。"郭璞注:"九夷在东,八狄在北,七戎在西,六蛮在南。"

亡:同"无"。《论语义疏》:邢疏:"此章言中国礼义之盛而夷狄无也。举夷狄则戎蛮可知。诸夏,中国也。亡,无也。言夷狄虽有君长,而无礼义,中国虽偶无君,若周召共和之年,而礼义不废。"故曰:"夷狄之有君,不如诸夏之亡也。"之:取消"夷狄有君"的独立性,使其作大句主语。

【译文】

孔子说:"夷狄各族虽然有国君,但是不如中原诸国的没有国君。"

3.6 季氏旅于泰山。子谓冉有曰:"女弗能救与?"对曰:"不能。"子曰:"呜呼!曾谓泰山不如林放乎?"

【注】

旅:祭名。《集解》:"马曰:'旅,祭名也。'《礼》诸侯祭山川在其封内者。今陪臣祭泰山,非礼也。”

冉有:孔子的弟子冉求,时仕于季氏。

救:犹止也。此处指谏止、劝阻。”

曾:代词,表疑问,相当于“何”“怎”。《方言》卷十:“曾,何也。”

【译文】

季氏在泰山旅祭,孔子对冉有说:“(季氏僭越)你不能阻止吗?”回答说:“不能。”孔子说:“唉!怎么泰山之神还不如林放知礼呢?”

3.7 子曰:“君子无所争。必也射乎!揖让而升,下而饮。其争也君子。”

【注】

周礼中有射礼,赛前互相作揖,登堂而射,射后计算中靶数,中靶少的罚饮酒。孔子说君子无所争,而比赛射箭是君子之事。言外之意是,违背周礼争权夺位者不是君子。

【译文】

孔子说:“君子没有可争之事。如果有所争,一定是比射箭吧!(赛前)相互作揖而后登堂;(射箭完毕),走下堂来,而后(作揖)喝酒。这种争是君子之争。”

3.8 子夏问曰:“‘巧笑倩兮,美目盼兮,素以为绚兮。’何谓也?”子曰:“绘事后素。”

曰:“礼后乎?”子曰:“起予者商也!始可与言诗已矣。”

【注】

《集注》:“倩,好口辅也。盼,目黑白分也。素,粉地,画之质也。绚,彩色,画之实也。言人有此倩盼之美质,而又加以华采之饰,如有素地而加采色也。子夏疑反谓之以素为饰,故问之。”按:辅,脸颊。

倩:①面颊长得好。②笑靥美好的样子。

【译文】

子夏问道:“‘笑得真好看呀,黑白分明的眼睛转动如秋波呀,洁白的底子上正好画花卉呀。’这几句诗是什么意思?”孔子说:“先有洁白的底子然后才好画呀。”子夏又问:“是不是人们有了仁的思想然后才能实行礼呢?”孔子说:“启发我的是你卜商啊!这样,就可以跟你讨论《诗经》了。”

3.9 子曰:“夏礼,吾能言之,杞不足征也;殷礼,吾能言之,宋不足征也。文献不足故也。足,吾则能言之矣。”

【注】

杞:国名。周武王灭商,封夏禹的后裔于杞,都雍丘(今河南杞县)。

宋:国名,故地在今河南商丘。周武王灭商,封纣王之子武庚于宋。

征:证验。《广韵》:“征,证也。”《集注》:“征,证也。文,典籍也。献,贤也。”言二代之礼我能言之,而二国不足取以为证,以其文献不足故也。

【译文】

孔子说:“夏代的礼制,我能说出来,(但)夏的后代杞国不足以证明我的话;殷代的礼制,我能说出来,他的后代宋国不足以证明我的话。这是他们的历史文献和贤者不足的缘故。若有足够的文献和贤者,我就可以得到证明了。”

3.10 子曰:“禘自既灌而往者,吾不欲观之矣。”

【注】

禘(dì):周代天子每五年举行一次的祭祖大典。成王因周公旦功高,特许其禘祭,后鲁国沿袭。鲁文公二年(前625)禘祭,按周礼,先祭开国始祖,再依次祭历代祖先。但鲁文公却将其父僖公排在闵公之前。此后成为惯例,因违背周礼,孔子不想看。

灌:禘祭中首次献酒。《集注》:“灌者,方祭之始,用郁鬯之酒灌地。”《说文通训定声》:“酿黑黍为酒曰鬯(chàng),筑芳草以煮曰郁,以郁合鬯曰郁鬯。”

【译文】

孔子说:“(鲁君)禘祭,从向太祖献酒以后,我就不想看了。”

3.11 或问禘之说。子曰:“不知也。知其说者之于天下也,其如示诸斯乎!”指其掌。

【注】

或:无定代词,有人。

说:道理,学说。

示(zhì):通“置”。《正义》:“古‘置’多作‘示’。”

斯:这。

其:副词,表揣度。“大概”“也许”。

【译文】

有人问禘祭的道理。孔子说:“不知道。知道禘祭之礼的人对(治理)天下,大概像把东西放在这里一样(容易)吧!”(边说边)指着自己的手掌。

3.12 祭如在,祭神如神在。子曰:“吾不与祭,如不祭。”

【注】

祭:祭祀。《集注》:“程子曰:祭,祭先祖也;祭神,祭外神也。”“记圣人祭祀之诚意。以上节为主,下节证之。”

【译文】

孔子祭祀祖先时，如同祖先真在那里；祭神时，如同神真在那里。孔子说："我若不（亲自）参与祭祀，就如同不祭祀。"

3.13 王孙贾问曰："与其媚于奥，宁媚于灶，何谓也？"子曰："不然，获罪于天，无所祷也。"

【注】

王孙贾（gǔ）：周灵王之孙，卫国大夫，自周出仕于卫。《白虎通·女铭》："王者之子称王子，王者之孙称王孙。"

媚：巴结，讨好。《正字通》："媚，谄媚。又亲顺也。"

奥：屋内西南角叫奥，古人认为那里有神。《集解》引孔安国注"奥，内也，以喻近臣，灶以喻执政，贾，执政者。欲使孔子求昵之，微以世俗之言感动之也。"

无所祷：无所祈祷之神（或处所）。所，定为代词、助词都可。

【译文】

王孙贾问道："与其讨好奥神，宁可讨好灶神，是什么意思？"孔子说："不是这样，（如果）得罪了上天，（就）没有祈祷的地方了。"

3.14 子曰："周监于二代，郁郁乎文哉！吾从周。"

【注】

监：鉴，铜镜。林义光《文源》："监，即'鉴'之本字。上世未制铜时，以水为鉴。"

二代：夏、商二代。

郁郁：通"彧"，文采明盛。

文：礼乐仪制。

【译文】

孔子说:“周朝借鉴于夏、商二代,礼乐仪制(多么)精彩啊!我遵从周朝的制度。”

3.15 子入太庙,每事问。或曰:“孰谓鄹人之子知礼乎!入太庙,每事问。”子闻之,曰:“是礼也。”

【注】

太庙:开国之君叫太祖,太祖之庙叫太庙。周公旦是鲁国初封之君,所以太庙即周公庙。

鄹(zōu):《史记·孔子世家》:“孔子生于鲁昌平乡陬(鄹)邑。”孔子父亲叔梁纥,曾任鄹大夫,因而称他“鄹人”。

【译文】

孔子进入太庙,每件事都问。有人说:“谁说鄹邑人叔梁纥的儿子知道礼呢!(他)进入太庙每件事都问。”孔子听到这话,说:“这正是礼呀!”

补注:《正义》:“事谓牺牲服器及礼仪诸事也。鲁祭太庙,用四代礼乐,多不经见,故夫子每事问之。”

3.16 子曰:“射不主皮,为力不同科,古之道也。”

【注】

皮:兽皮制的箭靶,又叫侯,也有用布做的,当中画猛兽之类的图形,靶心叫“正”或“鹄”。《仪礼·乡射礼》:“礼射不主皮。主皮之射者,胜者又射,不胜者降。”主皮,以(贯穿)皮(靶)为主。主,动词。“射”指演习礼乐时的礼射,不是军中的武射。朱熹注:“古者,射以观德,但主于中,而不主于贯革,盖以人之力有强弱不同等也……周衰,礼废,列国兵争,复尚贯革,故孔子叹之。”贯革,(箭)贯穿皮革制的靶。

为:因为。

科:等级。朱注:“等也。”

【译文】

孔子说:“比射箭,不以(贯穿)皮靶为主,因为人的力量不相等,这是古时候的规定。”

3.17 子贡欲去告朔之饩羊。子曰:“赐也,尔爱其羊,我爱其礼。”

【注】

告朔:朔,农历每月初一。周历的年末,天子把来年的历书颁给诸侯。历书包括这年有无闰月,每月的初一是哪天,因而颁历书叫作“颁告朔”。诸侯接受历书,藏于祖庙,每月初一杀一只羊祭庙,叫作“告朔”——朔日报告祖先。然后回朝听政,叫作“视朔”或“听朔”。鲁国自文公开始,不亲临祖庙,也不“视朔”,只杀只羊虚应。所以子贡认为不必虚留形式,连羊也不必杀了。孔子认为残存“告朔”的形式比取消好。

饩:即用作“告朔”祭品之活羊。《集释》:“据皇疏当作‘腥生曰饩’。”《诗笺》:“牛羊豕为牲。系羊者曰牢。孰曰饔,腥曰饩,生曰牢。”其:指示代词,那,代“告朔”。

【译文】

子贡想省去“告朔”用的活羊。孔子说:“赐啊,你爱的是那只羊,我爱的是这‘告朔’之礼。”

3.18 子曰:“事君尽礼,人以为谄也。”

【注】

事:侍奉。

尽:全部用出。《正义》:“尽礼者,尽事君之礼,不敢稍有违缺。”《集解》:“孔曰:‘时事君者多无礼,故以有礼者为谄。’”

【译文】

孔子说:“侍奉君主,全部用规定的礼节,别人(却)认为是谄媚。”

3.19 定公曰:“君使臣,臣事君,如之何?”孔子对曰:“君使臣以礼,臣事君以忠。”

【注】

定公:姓姬,名宋,鲁襄公之子,昭公之弟,继昭公为鲁国国君,在位十五年。“定”是其谥号。孔安国注:“时,臣失礼,定公患之,故问之。”

如之何:在句末,译为“怎么样(怎么办)”。

【译文】

定公问:“君使唤臣,臣侍奉君,(应该)怎么样?”孔子答道:“君主应依礼使唤臣子,臣子应忠诚地侍奉国君。”

3.20 子曰:“《关雎》,乐而不淫,哀而不伤。”

【注】

《关雎》:《诗经》的首篇,写“君子”追求“淑女”未得时,“辗转反侧”“寤寐思之”,已得后“钟鼓乐之”“琴瑟友之”。堪称乐而不淫,哀而不伤,恰到好处。这种美学理想后来成为儒家诗教传统的重要内容之一。

淫:过度,过分。《集解》:“孔曰:‘乐而不淫,哀而不伤者,言其和也。’”和,适中。

【译文】

孔子说:“《关雎》这首诗,快乐而不过分,哀婉而不悲伤。”

3.21 哀公问社于宰我。宰我对曰："夏后氏以松，殷人以柏，周人以栗。曰：'使民战栗。'"子闻之，曰："成事不说，遂事不谏，既往不咎。"

【注】

社：土地神。《左传·昭公二十九年》："后土为社。"《集解》："孔曰：'凡建邦之社，各以其土所宜之木。宰我不本其意，妄为之说，因周用栗，便云使民战栗。'"《尚书·无逸传》："大社惟松，东社惟柏，南社惟梓，西社惟栗，北社惟槐。"《白虎通·社稷》："王者所以有社稷者，为天下求福报功。人非土不立，非谷不食，故封土立社，示有土地。天子之社坛方五丈，诸侯半之。"

以上资料证明松、柏、栗是社坛周围所植之树，有的资料则认为松、柏、栗是制社神牌位的木材。

【译文】

（一）哀公问宰我关于社树的事。宰我回答说："夏后氏以松为社树，殷人以柏为社树，周人以栗为社树。"宰我又说："以栗为社树，是为了使民战栗。"孔子听到宰我这番话，说："已经形成的事就不必再说了，已经完结的事就不必纠正了，已经过去的事就不必追究了。"

（二）哀公向宰我问社主用什么木。宰我答："夏代用松木，殷代用柏木，周代用栗木……"

3.22 子曰："管仲之器小哉！"

或曰："管仲俭乎？"曰："管仲有三归，官事不摄，焉得俭？""然则管仲知礼乎？"曰："邦君树塞门，管氏亦树塞门。邦君为两君之好，有反坫，管氏亦有反坫。管氏而知礼，孰不知礼？"

【注】

管仲：春秋时齐国人，名夷吾，齐桓公相，助桓公称霸诸侯。

三归:有多种解释:①像国君一样娶了三国女儿为妻(《集解》引包咸说);②三处家庭(《群经平议》);③地名,管仲采邑(梁玉绳《瞥记》);④藏钱币的府库(武亿《群经义征》)。上述解释都不准确。郭松焘《养知书屋文集》卷一《释“三归”》:“此盖管子九府轻重之法,当就《管子》书求之。《山至数》篇曰:‘则民之三有归于上矣。’三归之名实本于此。是所谓‘三归者’,市租之常例之归之公者也。桓公既霸,遂以赏管仲。《汉书·地理志》《食货志》并云,桓公用管仲设轻重以富民,身在陪臣,而取三归。其言较明显。《韩非子》云:‘使子有三归之家。’《说苑》作‘赏之市租’。‘三归’之为市租,汉世儒者犹能明之,此一证也。《晏子春秋》辞‘三归’之赏,而云‘厚受赏以伤国民之义’,其取之民无疑也,其又一证也。”(转引《译注》)

官事:《正义》:“官事者,事谓祭祀,官谓助祭之官。大夫不能备官,故祭祀之时,每以一官司数事。”

摄:兼职。

树塞门:在住宅大门内的院子里立的一道短墙,使外人看不到院内。后来称“照壁”。树,立。

邦君:国君。《正义》:“邦君,诸侯也。”

反坫(diàn):放置器物的小土台,设于两楹之间。国君与诸侯会盟,饮酒毕把酒杯放在坫上。

【译文】

孔子说:“管仲的器量狭小啊!”

有人说:“管仲节俭吗?”孔子说:“管氏收取三处的市租,他的家臣(像国君的官员一样)不兼职,怎么能节俭呢?”

(那人又问):“那么,管仲懂得礼吗?”孔子说:“国君建照壁遮蔽大门,管氏也建照壁遮蔽大门。国君为了两国友好,宴请来访的君主，堂上有放酒杯的坫台，管仲堂上也有坫台。管氏如果懂得礼，谁不懂礼呢？”

3.23 子语鲁大师乐，曰：“乐其可知也；始作，翕如也；从之，纯如也，皦如也，绎如也，以成。”

【注】

语：告诉。

大：通“太”。《论语义疏》：“太师，乐官名，犹《周礼》之大司乐也。于时，鲁国礼乐崩坏，故孔子以正乐之法语之。”按：“语大师乐”，语，动词，“大师乐”是双宾语。

其：表委婉推断或肯定的语气词。此处不必译出。

作：此处指奏乐。《尔雅》：“作，为也。”

翕(xī)如也：翕，本义是闭合，收拢。《义疏》：“翕然，盛也。翕，盛貌。”如：形容词词尾，“……的样子”。

从：《集解》：“从，读若‘纵’，言五音既发，放纵尽其音声，纯如，和谐也。”

皦：《义疏》：“皦，明也。言其声节分明也。”

绎：连续不断。《义疏》：“言其音绎然相续不绝也。”

以成：《义疏》：“以成者，言乐始作翕如，又纵之以纯如、皦如、绎如，则正乐以之而成。”

【译文】

孔子告诉鲁国乐师奏乐之道，说：“音乐演奏之道是能知晓的，开始演奏，气势盛大，而后乐器齐奏，纵情发挥，（而且）乐音纯正，音律和谐，节奏分明，连续不断，以此完成乐章。”

3.24 仪封人请见，曰：“君子之至于斯也，吾未尝不得见也。”从者见之。出曰:“二三子和患于丧乎?天下之无道也久矣,天将以夫子为木铎。”

【注】

仪封人:仪的地方长官。《集注》:“仪,卫邑。封人,掌封疆之官。”封疆,疆界。

至于:到。

……之……也:之,助词,用于主语和谓语之间,取消句子的独立性,使它成为偏正词组以便作句子的主语或谓语。又,“……之……也”也可表时间,可译为“……的时候”。

未尝不:尝,曾经。“未尝”的传统解释是“未曾”或“没有……过”。但在很多场合,“未尝”只能解作“没”或“没有”。“未尝”与另一否定副词构成双重否定。此时,“未尝”只能解作“不是”“没有”。“尝”已成为助词。(周廉溪:《几个汉语常用词用法》,《山东师院学报》(社会科学版)1978 年 6 期)

从者:随从孔子的学生。

二三子:诸位,几个人。此处指孔子随行弟子。

见之:使之见。

丧:失去。《集注》:“丧,谓失位去国。”位,官位。

道:好的政治局面或措施。《左传·成公二十二年》:“天下有道,则公侯能为民干城。”

木铎:《义疏》:“木铎,金铃,木舌,施政时所振也。言天将命孔子制作法度,以号召于天下,如木铎以振文教也。”振,摇动。《周礼》郑玄注:“文事奋木铎,武事奋金铎。”

【译文】

卫国仪邑管边界的官员求见孔子,说:“有道德学问的人到了仪邑这个地方,我没有不能见的。”孔子随行的学生请孔子接见了他。他出来后，对孔子的学生们说："诸位何必担心没有官位呢？天下无道的日子太久了，上天将以孔夫子做人民的导师。"

3.25 子谓《韶》："尽美矣，又尽善也。"谓《武》："尽美矣，未尽善也。"

【注】

韶：古代的一种歌舞。《集解》："孔曰：'《韶》，舜乐名也。谓以圣德受禅故曰尽善也。《武》武王乐也。以征伐取天下故曰未尽善也。'"按：美，指声音。善，指内容。舜由尧禅让而为天子，所以孔子认为"尽善"；武王伐纣而为天子，所以孔子说"未尽善"。谓，评论。

【译文】

孔子评论《韶》："美极了，而且好极了。"评论《武》："美极了，但内容还不算最好。"

3.26 子曰："居上不宽，为礼不敬，临丧不哀，吾何以观之哉？"

【注】

《集释》引皇疏："此章讥当时失德之君也。为君上者宽以得众，而当时居上者不宽也。又礼以敬为主，而当时行礼者不敬也。又临丧以哀为主，而当时临丧者不哀。此三条之事并为乖礼，故孔子所不欲观，故云吾何以观之哉。"

【译文】

孔子说："居于上位却不宽宏大量，行礼却不庄重认真，参与丧礼却不悲哀，如此违礼，我怎么看得下去？"

4. 里仁

4.1 子曰:“里仁为美。择不处仁,焉得知?”

【注】

《集解》:“郑曰:‘里者,民之所居也。居于仁者之里,是为善也。求是善居而不处仁者之里,不得为有智。’”

里:古人的聚居区,规模大小说法不一。《周礼》:“五家为邻,五邻为里。”至今各地仍有以“里”命名的街巷。

里仁:里,名词作动词。里仁,居于仁者之里,或选有仁人居住的里巷。

处:居住。

知:《论语》的“智”字都写作此(见《译注》)。

【译文】

孔子说:“住在仁者聚集的地方才是美好的。选择的住址不与仁人相处,怎么能算明智的呢?”

4.2 子曰:“不仁者不可以久处约,不可以长处乐。仁者安人,知者利仁。”

【注】

《集注》:“约,穷困也。利,犹贪也。盖深知笃好而必欲得之也。不仁之人失其本心,久约必滥,久乐必淫。惟仁者则安其仁而无适不然。”

《集解》:“孔曰:‘不可久约,久困则为非也。不可长乐,必骄佚也。'"

【译文】

孔子说:"不仁德的人不可长期处于穷困中,不可长期处于安乐中。仁德的人安于仁德,聪明人利用仁德。"

4.3 子曰:"唯仁者能好人,能恶人。"

【注】

唯:唯独,只。

恶(wù):憎恶,讨厌。

【译文】

孔子说:"只有仁人才能喜欢人,憎恶人。"

4.4 子曰:"苟志于仁矣,无恶也。"

【注】

苟:连词,假如,如果。《史记 · 陈涉世家》:"苟富贵,无相忘。"

【译文】

孔子说:"如果立志实行仁德,就不会做坏事了。"

4.5 子曰:"富与贵,是人之所欲也,不以其道得之,不处也。贫与贱,是人之所恶也,不以其道得之,不去也。君子去仁,恶乎成名?君子无终食之间违仁,造次必于是,颠沛必于是。"

【注】

贫与贱……不以其道得之:前人认为此句的"得之"应是"去之",这很正确。但还可有"别解"。"得之"的"之"代脱贫致富之机会,"得之"即得到脱贫致富机会,但"不以其道"得到,宁愿不脱贫。

处:据有,接受。

恶乎:恶(wū)。疑问代词,何,怎么,如何。恶乎,“于何处”,意为“哪里”“怎样”。“乎”相当于“于”。

造次:仓促,匆忙。

终食:吃完一顿饭。

违:离开。

【译文】

孔子说:“发财做官是人人想要的,但不用正道得到,不能接受。贫穷低贱是人人所厌恶的,不用正道脱贫致富,宁愿不脱贫。君子离开了仁,又怎样去成就他的声望呢?君子不能有一顿饭的时间离开仁德,即使在仓促匆忙中也是这样,在颠沛流离中也是这样。”

补注:据《集释》《正义》:《论衡》之《问孔》《刺孟》、《吕氏春秋•有度》、《盐铁论•褒贤》等文中的《论语》引文中,“不处”都作“不居”,可知“处”“居”同义。这句中的“处”即居处、居住,引申有“据有”“占有”之义。这是常用义,所以古人不注解。

4.6 子曰:“我未见好仁者,恶不仁者。好仁者,无以尚之;恶不仁者,其为仁矣,不使不仁者加乎其身。有能一日用其力于仁矣乎?我未见力不足者。盖有之矣,我未之见也。”

【注】

恶:憎恶。

尚:超过。

盖:大概。

未之见:未见之。否定句的代词宾语前置。

《集注》:“言好仁,恶不仁者,虽不可见,然或有人果能一旦奋然用力于仁,则我又未见其力者有不足者。盖为仁在己,欲至则是……故仁虽难能,而至之亦易也。”

【译文】

孔子说:“我没见过爱好仁德的人,也没见过厌恶不仁德的人。爱好仁德的人,没有人能超过他;厌恶不仁德的人,他对待仁德,只是使不仁德的事情不加在自己身上。有谁能把一天的精力都用在仁德上呢?我没有见过力量不足的人。大概这种人是有的,但我没有见过。”

补注:“不使不仁者加乎其身”。此言有误,“不使不”双重否定,实为肯定。意为“使不仁者加乎其身”。这绝非孔子原意,乃后人传抄致误。笔者查阅了多种权威译注本,都照《论语》原文译为:“不使不仁德的事情加在自己身上。”不知专家为何将错就错,而朱熹《集注》对此也没有评说。但笔者是教书匠,要讲字义,讲语法,说义理,不敢误人子弟,终于发现了一个合理解释。曹魏时何晏《论语集解》引孔安国注:“不使不仁者加乎其身,言恶不仁者能使不仁者不加非义于己……”孔安国把句首之“不”移到句中“加”之前,句子豁然贯通。此注纠正了诸多注家之误。

4.7 子曰:“人之过也,各于其党。观过,斯知仁矣。”

【注】

《集解》:“孔曰:‘党,类也。小人不能为君子之行,非小人之过,当恕而勿责之。观过,使贤愚各得其所,则为仁矣’。”

于:同“与”。

党:类别,集团。

各于其党:各自与其社会类别有关联。

斯:就。

仁:同“人”。

【译文】

孔子说:"人的过错,有各种类型。仔细考察他所犯的错误,就可以知道他是什么样的人。"

4.8 子曰:"朝闻道,夕死可矣。"

【注】

《集注》:"道者,事物当然之理。苟得闻之,则生顺死安无复遗恨矣。朝夕所以甚言其时之近。"

闻:听到,知道。

【译文】

孔子说:"如果早晨得知真理,当晚死去,都可以。"

4.9 子曰:"士志于道,而耻恶衣恶食者,未足与议也。"

【注】

《集注》:"心欲求道,而以口体之奉不若人为耻,其识趣之卑陋甚矣,何足与议于道哉?"

【译文】

孔子说:"读书人有志于追求真理,却又以自己穿粗布衣吃粗粮为耻,(这种人)就不值得同他谈论了。"

4.10 子曰:"君子之于天下也,无适也,无莫也,义之与比。"

【注】

《注疏》:"此章贵义也……言君子之于天下之人,无择于富厚与穷薄者但有义者则与之相亲也。"《集释》引皇侃《义疏》:"范宁曰:"适、莫,犹厚薄也。"比,亲也。君子与人无有偏颇厚薄。"按:"適"是"适"的假借字。

“义之与比”即“与义比”。“义”是“与”的宾语，加“之”把“义”提到“与”前。

【译文】

孔子说：“君子对于天下的人，没有厚，也没有薄，只对仁义的人亲近。”

4.11 子曰：“君子怀德，小人怀土；君子怀刑，小人怀惠。”

【注】

《集注》：“怀，思念也。怀德谓存其固有之善。怀土，谓溺其所处之安。怀刑，谓畏法。怀惠，谓贪利。君子小人趣向不同，公私之间而已矣。”

【译文】

孔子说：“君子怀念善德，小人怀念乡土；君子怀念法度，小人怀念恩惠。”

4.12 子曰：“放于利而行，多怨。”

【注】

《集注》：“孔氏曰：‘放，依也。多怨谓多取怨。’”程子曰：“欲利于己，必害于人，故多怨。”

【译文】

孔子说：“依据人的私利而行事，必然会招来许多怨恨。”

4.13 子曰：“能以礼让为国乎，何有？不能以礼让为国，如礼何？”

【注】

《论语注疏》：“何有者，谓以礼让治国，何有其难，言不难也。”

《集注》:"让者,礼之实。'何有',言不难也。言有礼之实以为国,则何难之有。"《译注》:"何有,这是春秋时代的常用语,在这里是'有何困难'的意思。"按:"何有"是"有何"的倒装,"有何难"的省略。

如礼何:《集解》:"包曰:'如礼何'者,言不能用礼。"按:古人只讲字义,不作语法分析。"如……何"是询问办法的固定格式,"如",动词,相当于"办""处置""对付"。"礼"是"如"的宾语,即"把礼怎么办?"或"怎样对待礼?"

【译文】

孔子说:"如果能用礼让来治理国家,那还有什么困难呢?如果不能用礼让治理国家,(那)怎样对待礼呢?"

4.14 子曰:"不患无位,患所以立。不患莫己知,求未可知也。"

【注】

《集注》:"所以立,谓所以立乎其位者。可知,谓可以见知之实。"按:"所以立",用以自立的本领。所,助词,与动词"以"(用)构成名词性词组。与"所见""所闻"结构相同。

《正义》:"立者,言立乎其位也。'患所以立'犹言'患无所以立'。"

莫己知:即"莫知己"。否定句的代词宾语要前置。莫,否定副词。

【译文】

孔子说:"不忧虑没有官位,忧虑没有用以自立的本领。不忧虑没有人知道自己,要追求值得别人知道自己的本领。"

4.15 子曰:"参乎!吾道一以贯之。"曾子曰:"唯。"子出,门人问曰:"何谓也?"曾子曰:"夫子之道,忠恕而已矣。"

【注】

贯:贯穿,贯通。《集释》引皇侃疏:"道者,孔子之道也。贯,犹统也。譬如以绳穿物,有贯统也。”

唯:应答时说“是”。《集解》:“孔曰:‘直晓不问,故答曰唯。’”

忠、恕:《集注》:“尽己之谓忠,推己之谓恕。”按:此解难懂。《译注》之解释易懂。“恕”,孔子自己下了定义:“己所不欲,勿施于人”。“忠”是“恕”积极的一面,用孔子自己的话说,便应该是:“己欲立而立人,己欲达而达人”。

【译文】

孔子说:“曾参(shēn)呀!我的学说可以用一个基本思想贯通起来。”曾参回答说:“是的。”

孔子出去后,同学们问曾子:“这是什么意思?”曾子说:“老师的学说,只是忠和恕罢了。”

4.16 子曰:“君子喻于义,小人喻于利。”

【注】

《集注》:“喻,犹晓也。义者天理之所宜。利者,人情之所欲。”《集释》引皇侃疏:“弃货利而晓仁义则为君子,晓货利而弃仁义则为小人也。”

【译文】

孔子说:“君子懂得义,小人只懂得利。”

4.17 子曰:“见贤思齐焉,见不贤而内自省也。”

【注】

《集解》:“包曰:‘思齐,思与贤者等也。’”《集注》:“思齐者,冀己亦有是善。内自省己,恐已亦有是恶。”

【译文】

孔子说:“看见贤人,就要想向他看齐;看见不贤的人,就应反省自己是否与他一样。”

4.18 子曰:“事父母几谏,见志不从,又敬不违,劳而不怨。”

【注】

《集解》:“包曰:‘几者,微也。当微谏,纳善言于父母也。见父母有不从己谏之色,则又当恭敬,不敢违父母而遂己之谏也。’”

违:冒犯。

劳:忧愁。

【译文】

孔子说:“侍奉父母,(如果)父母(的言行)有不对之处,应委婉地劝止,看到自己的意见不被听从,仍然恭敬地不冒犯父母,子女虽内心忧伤,却不怨恨。”

4.19 子曰:“父母在,不远游,游必有方。”

【注】

游:游学、游宦,指到外地求学、做官。

【译文】

孔子说:“父母在世,不出远门求学、做官,远游一定要告诉父母所去的地方。”

4.20 子曰:“三年无改于父之道,可谓孝矣。”

【注】

这一章已见《学而》篇。

4.21 子曰:“父母之年不可不知也。一则以喜,一则以惧。”

【注】

《集注》:“知,犹记忆也。常知父母之年,则既喜其寿,又懼其衰。”

【译文】

孔子说:“父母的年龄不可不记住,一方面因(其高寿)而欢喜,另一方面又因(其高寿)而恐惧。”

4.22 子曰:“古者言之不出,耻躬之不逮也。”

【注】

耻:羞耻。在此处是意动用法,以……为耻。

躬:自身。

逮:及,赶上。《集注》:“言古者,以见今之不然。逮,及也。行不及言,可耻之甚,古者所以不出其言,为此故也。”“言之……”,之表宾语前置。“躬之”取消句子独立性,作宾语。

【译文】

孔子说:“古时候言语不轻易出口,因为他们以自己的行动赶不上言语为耻。”

4.23 子曰:“以约失之者鲜矣。”

【注】

约:约束。《译注》:《论语》的“约”字不外两个意义:甲,穷困;乙,约束。至于“节俭”的意义,虽已见于《荀子》,却未必适用于这里。《集解》:“孔曰:‘奢则骄溢招祸,俭约无忧患。’”

【译文】

孔子说:“因为约束自己而犯错误,这种事是很少的。”

4.24 子曰:“君子欲讷于言而敏于行。”

【注】

讷:语言迟钝。《集解》:“包曰:‘讷,迟钝也。言从迟,而行欲疾。’”《集注》:“谢氏曰:‘放言易,故欲讷。力行难,故欲敏’。”

毛泽东受《论语》影响至深，他的两个女儿分别以“敏”“讷”命名。

【译文】

孔子说：“君子要言语谨慎，做事敏捷。”

4.25 子曰：“德不孤，必有邻。”

【注】

《集解》：“方以类聚，同志相求，故必有邻，是以不孤也。”

《集注》：“邻，犹亲也。德不孤立，必有类应，故有德者必有其类从之，如居之有邻也。”

【译文】

孔子说：“有道德的人不会孤立，一定会有志同道合的人同他作伴。”

4.26 子游曰：“事君数，欺辱矣；朋友数，斯疏矣。”

【注】

数(shuò)：屡次，多次，引申为烦琐。

斯：就。

《论语疏证》引《论语·颜渊》：“子贡问友，子曰：‘忠告而善道之，不可则止，无自辱焉。’”

杨树达按：“孔子于事君处友并云不可则止。数者，不可而不止之谓也。不可而不止，则见辱与疏矣”。

【译文】

子游说：“侍奉君主过于烦琐，就会招致侮辱；对朋友过于烦琐，就会被疏远。”

5. 公冶长

5.1 子谓公冶长,“可妻也。虽在缧绁之中,非其罪也。”以其子妻之。

【注】

《集注》:“妻,为之妻也。”

公冶长:姓公冶,名长,孔子弟子,齐国人。

妻,名词用作动词。可妻:可帮他娶妻。

缧绁(léi xiè):绑罪人的绳索,指代监狱。

子:儿女皆可称“子”,此处指女儿。

缧,黑索也。绁,挛也。古者狱中以黑索拘挛罪人。长之为人无所考,而夫子称其可妻,其必有以取之矣。

【译文】

孔子评论公冶长说:“可以帮他娶妻。他虽然被关过监狱,但不是他的罪过。”孔子就把自己的女儿嫁给他为妻。

5.2 子谓南容,“邦有道,不废;邦无道,免于刑戮。”以其兄之子妻之。

【注】

南容:姓南宫,名适(kuò),字子容,谥敬叔,孟懿子之兄,鲁国人,孔子学生。

废:废黜。何晏注:“不废,言见用也。”邢昺疏:“邦有道则常得见用在官,不被废弃,若遇邦国无道,则必危行言逊,以脱免于刑罚戮辱也。”

刑:惩治。《广雅·释诂》:“刑,治也。”

戮:《广雅》:“戮,杀也;辱也;罪也。”

【译文】

孔子评论南容:“国家政治清明时,(做官)不被废弃;国家政治黑暗时,(能)避免刑罚侮辱。”(于是)把自己哥哥的女儿嫁给了他。

5.3 子谓子贱:“君子哉若人!鲁无君子者,斯焉取斯?”

【注】

子贱:姓宓名不齐,字子贱,鲁国人,孔子学生。曾任单父宰,很得民心。

若:代词,这个。“若人”,主语,这个人。

鲁无君子者:“鲁无君子”并非事实,而是假设,用“者”提顿,可译为“的话”,表假设。

斯:指示代词此。《集注》:“上斯,斯,此人;下斯,斯,此德。”按:“斯”后省中心词。

【译文】

孔子评论子贱:“这个人是君子啊!鲁国没有君子的话,(子贱)这种人从哪里汲取这种好品德呢?”

5.4 子贡问曰:“赐也何如?”子曰:“女,器也。”曰:“何器也?”曰:“瑚琏也。”

【注】

赐:子贡自称其名,相当于第一人称。

何如:怎么样,用以询问人物之性状。

女:汝,古今字。

瑚琏:《集解》:"包曰:'瑚琏,黍稷之器,夏曰瑚,殷曰琏,周曰簠簋,宗庙之器贵者。'"

孔子把子贡比作贵重礼器,表明对他很看重子贡,"器重"一词即源于此。

【译文】

子贡问孔子:"我是一个怎样的人?"孔子说:"你好比是一个器皿。"子贡问:"什么器皿?"孔子说:"宗庙里盛黍稷的瑚琏。"

5.5 或曰:"雍也仁而不佞。"子曰:"焉用佞?御人以口给,屡憎于人。不知其仁,焉用佞?"

【注】

雍:姓冉名雍,字仲弓,鲁国人,孔子弟子。

佞:巧言善辩。《论语注疏》:"佞是口才敏捷之名,本非善恶之称,但为佞有善恶耳,为善捷敏是善佞……为恶捷敏是恶佞。"《集注》:"佞,口才也,仲弓为人重厚简默,而时人以佞为贤,故美其优于德,而病其短于才也。"

焉:疑问代词,哪里,怎么,什么。

御:防御。这里指争辩。

御人以口给:强词夺理地同人家辩驳。给:足。口给,言语敏捷,伶牙俐齿。

【译文】

有人说:"冉雍这个人有仁德而没有口才。"孔子说:"何必有口才,快嘴利舌地同人家争辩,常常被人讨厌,不知冉雍是否有仁德,但哪里用得着巧言善辩呢?"

5.6 子使漆雕开仕。对曰:"吾斯之未能信。"子说。

【注】

漆雕开:姓漆雕,名开,字子开,孔子弟子。本名“启”,汉儒避文帝刘启讳,改“启”为“开”。

斯:这,指做官。“吾斯之未能信”即“吾未能信斯”,此乃古汉语规律,否定句的代词宾语要提动词前。“之”表示宾语“斯”提前。《集注》:“斯,指此理而言。信,谓真知其如此而无毫发之疑也。开自言未能如此,未可以治人,故夫子悦其笃志。”

说(yuè):同“悦”。

【译文】

(一)孔子叫他的学生漆雕开去做官。漆雕开回答说:“我对做官这事还没有信心。”孔子听了很高兴。

(二)孔子叫他的学生漆雕开去做官。漆雕开回答说:“我没能研习做官之道。”孔子听了很高兴。据《集解》:“仕进之道未能信者,未能究习也。”

5.7 子曰:“道不行,乘桴浮于海。从我者,其由与?”子路闻之喜。子曰:“由也好勇过我,无所取材。”

【注】

桴:用竹或木编成的小筏子。

浮:泛舟;渡水。《注疏》:“言我之善道中国既不能行,即欲乘其桴筏浮渡于海而居九夷,庶几能行己之道也。”

其:大概,或许。语气词,表猜测。

【译文】

孔子说:“我的政治主张不能实行,就乘木筏渡海(到能实行我的政治主张的地方)。跟从我的或许只有仲由吧?”子路听到这话很欢喜。孔子说:“仲由啊,好勇精神胜过我,(可是)其他没有什么可取的才能。"

5.8 孟武伯问子路仁乎？子曰："不知也。"又问。子曰："由也，千乘之国可使治其赋也，不知其仁也。"

"求也何如？"子曰："求也，千室之邑，百乘之家，可使为之宰也，不知其仁也。"

"赤也何如？"子曰："赤也，束带立于朝，可使与宾言也，不知其仁也。"

【注】

孟武伯：孟懿子之子，名彘，武伯是其谥号。

赋：《集解》："赋，兵赋也。"《集注》："赋，兵也。古者以田赋出兵，故谓兵为赋，《春秋传》所谓'悉索敝赋'是也。言子路之才可见者如此，仁则不能知也。"

邑：古代居民的聚居点。《译注》："《左传·庄公二十八年》云：'凡邑，有宗庙先王之主曰都，无曰邑。'《集解》："千室之邑，卿大夫之邑也。卿大夫称家，诸侯千乘，卿大夫故曰百乘也。宰，家臣。"《集注》："千室，大邑。百乘，卿大夫之家。宰，邑长家臣之通号。"

求：冉求，孔子弟子。

乘(shèng)：量词，古时一车四马为一乘。

千室之邑，百乘之家，可以为之宰：这是两项职务，或是作一千户之邑的宰，或是作有百辆兵车的大夫之家臣，即总管。家，指大夫的采邑。卿大夫由国家授以封地，由他派人管理并征收租税，这封地就叫"采邑"或"采地"。

赤：姓公西，名赤，孔子弟子。

宾客：贵客叫宾，天子的客人叫宪，一般客人叫客。

【译文】

孟武伯问孔子:“子路是个仁人吗?”孔子说:“我不知道。”孟武伯又问。孔子说:“子路,一个拥有一千辆兵车的大国,可以让他作军政长官,但不知他有没有仁德。”

孟武伯又问:“冉求怎么样?”孔子说:“冉求,有千户的大邑或一个拥有百辆兵车的大夫采邑,可以派他去任军政长官,(但)不知他是否有仁德。”孟武伯又问:“公西赤怎么样?”孔子说:“公西赤,可以使他穿着礼服在朝廷上与国宾交谈,(但)不知他是否有仁德。”

5.9 子谓子贡曰:“女与回也孰愈?”对曰:“赐也何敢望回?回也闻一以知十,赐也闻一以知二。”子曰:“弗如也,吾与女弗如也。”

【注】

女:同“汝”,古今字。

愈:更好,更强。

望:比。

以:连词,而。

与:动词,同意、赞同。

《集注》:“愈,胜也。一,数之始。十,数之终。二者,一之对也。颜子明睿所照,即始而见终。子贡推测而知,因此而识彼。”

【译文】

孔子问子贡说:“你与颜回相比谁更好?”子贡回答说:“我哪儿敢比颜回呢?颜回听到一件事可以推知十件事,而我听到一件事只能推知两件事。”孔子说:“是不如,我和你都比不上他。”

5.10 宰予昼寝。子曰:“朽木不可雕也,粪土之墙不可杇也;于予与何诛?”子曰:“始吾与人也,听其言而信其行;今吾与人也,听其言而观其行。于予与改是。”

【注】

宰予:宰我,字子我,孔子弟子。

《集注》:“昼寝,谓当昼而寝。朽,腐也。雕,刻画也。杇,镘也。言其志气昏惰,教无所施也。与,语辞。诛,责也。言不足责,乃所以深责之。”

杇(wū):泥工抹墙的工具叫杇,把墙壁抹平也叫杇。

子曰:《译注》:以下的话虽然也是针对“宰予昼寝”而发出,却是孔子另一个时候的言语,所以又加“子曰”两字以示区别。古人有这种修辞习惯,俞樾《古书疑义举例》卷二“一人之辞而加曰字例”条曾有所阐述,可参阅。

【译文】

宰予白天睡觉。孔子说:“腐朽的木头不能雕刻,粪土垒的墙壁不能涂刷;对宰予还责备什么呢?”孔子(又)说:“最初,我对于人,听到他的话就相信他的行为;如今我对人,是听到他的话就观察他的行为。从宰予的表现,我改变了先前对人的态度。”

5.11 子曰:“吾未见刚者。”或对曰:“申枨。”子曰:“枨也,焉得刚?”

【注】

申枨(chéng):姓申,名枨,又名申续,字子周,孔子弟子。

《集注》:“刚,刚强不屈之意,最人所难能者。故夫子叹其未见。欲,多嗜欲也。多嗜欲则不得为刚矣。”

《集释》引皇刊疏:“夫刚人性无求,而申枨性多情欲,多情欲者必求人,求人则不得是刚,故云‘焉得刚’。”

【译文】

孔子说:“我没有见过刚强不屈的人。”有人答道:“申枨就是刚强的人。”孔子说:“申枨欲望多,怎么能刚强?”

5.12 子贡曰:“我不欲人之加诸我也,吾亦欲无加诸人。”子曰:“赐也,非尔所及也。”

【注】

之:助词,用在“我不欲人加诸我”这句的主语、谓语之间,取消其独立性使其作一个大句的主语。

诸:兼词,“之”“于”的合音。

加:《集解》:“加,陵也。”陵,欺凌。

【译文】

子贡说:“我不想别人把不义之事强加于我,我也不想把不义之事强加于别人。”孔子说:“赐,这不是你所能做到的。”

5.13 子贡曰:“夫子之文章,可得而闻也;夫子之言性与天道,不可得而闻也。”

【注】

文章:《正义》:“据《世家》诸文,则夫子之文章,谓《诗》《书》《礼》《乐》也。”按:《世家》指《史记·孔子世家》。

得:能,能够。

闻:知,懂得。

【译文】

子贡说:“老师关于《诗》《书》《礼》《乐》方面的学问,我们能懂得,老师关于天性和天道的学问我们不懂。”

5.14 子路有闻,未之能行,唯恐有闻。

【注】

有:同“又”。《集解》:“孔曰:‘前所闻未及行,故恐后有闻不得并行也。’”

未之能行:未能行之。否定句的代词作宾语前置。

【译文】

子路听到一个道理,还未能去实践,担心又听到新的道理。

5.15 子贡问曰:“孔文子何以谓之‘文’也?”子曰:“敏而好学,不耻下问,是以谓之‘文’也。”

【注】

孔文子:卫国大夫,名圉(yǔ),“子”是尊称,“文”是其谥号。

《集注》:“孔文子,卫大夫,名圉。凡人性敏者多不好学,位高者多耻下问,故《谥法》有以‘勤学好问’为文者,盖亦人所难也。孔圉得谥为‘文’以此而已。”苏辙《论语拾遗》曰:“孔文子使太叔疾出其妻而妻之。疾通于初妻之娣,文子怒将攻之。访于仲尼,仲尼不对,命驾而行。疾奔宋。文子使疾弟遗室孔姞,其为人如此,而谥曰‘文’,此子贡之以所疑而问也。孔子不没其善,言能如此亦足以为文矣,非经天纬地之文也。”

【译文】

子贡问孔子:“孔文子为什么谥号是‘文’?”孔子说:“他聪明好学,不以向地位低的人请教为耻,所以给他‘文’的谥号。”

5.16 子谓子产:“有君子之道四焉:其行己也恭,其事上也敬,其养民也惠,其使民也义。”

【注】

子产:姓公孙名侨,字子产,郑穆公之孙,为春秋时郑国贤相,在郑简公、定公之时执政22年。其时正是郑国之强邻晋、楚两国争霸之时，郑国地位冲要，而周旋于两大强国之间，子产不卑不亢，使郑国得到尊重和安全，是一位杰出的政治家和外交家。

谓：评论。

养民：教养人民。

义：道义，道理。

【译文】

孔子评论子产："有四种君子的德行：他自身态度庄重恭敬，侍奉国君认真负责，教养人民施以恩惠，役使人民合乎道义。"

5.17 子曰："晏平仲善与人交，久而敬之。"

【注】

晏平仲：《集解》："齐大夫，晏姓，平谥，名婴。"

《集注》："人交久则敬衰。久而能敬，所以为善。"

【译文】

孔子说："晏平仲善于与人交朋友，相交越久，对友人越尊敬。"

5.18 子曰："臧文仲居蔡，山节藻棁，何如其知也？"

【注】

《集注》："臧文仲，鲁大夫臧孙氏，名辰。居，犹藏也。蔡，大龟也。节，柱头斗拱也。藻，水草名。棁，梁上短柱也。盖为藏龟之室，而刻山于节，画藻于棁也。当时以文仲为知，孔子言其不务民义而谄黩鬼神如此，安得为知。《春秋传》所谓'作虚器'，即此事也。"

居蔡：居，动词，表使动。居蔡即使蔡居，使蔡有居住之处。

【译文】

孔子说："臧文仲给大乌龟盖了一间居室，柱子的斗拱上雕刻着山的图形，大梁的短柱上画着花草，他这个人怎么能算是有智慧呢？”

5.19 子张问曰：“令尹子文三仕为令尹，无喜色；三已之，无愠色。旧令尹之政，必以告新令尹。何如？”子曰：“忠矣。”曰：“仁矣乎？”曰：“未知，焉得仁？”

“崔子弑齐君，陈文子有马十乘，弃而违之。至于他邦，则曰：‘犹吾大夫崔子也。’违之。之一邦，则又曰：‘犹吾大夫崔子也。’违之。何如？”子曰：“清矣。”曰：“仁矣乎？”曰：“未知，焉得仁？”

【注】

令尹：楚国的官名，相当于相。

子文：姓斗，名毂於菟，字子文，楚国贤相。《注疏》：“令，善也，尹，正也，言用善人正此官也。”

《集解》：“孔曰：‘崔子、陈文子，皆齐大夫也。崔杼作乱，陈文子恶之，捐其四十匹马，违而去之也。文子辟恶逆，去无道求有道。当春秋时，臣陵其君，皆如崔子，无有可止者也。’”

《集注》：“崔子，齐大夫，名杼。齐君，庄公，名光。陈文子亦齐大夫，名须无。十乘，四十匹也。违，去也。文子洁身去乱，可谓清矣。然未知其心果见义理之当然，而能脱然无所累乎，抑不得已于利害之私，而犹未免于怨悔也，故夫子特许其清，不许其仁。”

【译文】

子张问道：“令尹子文多次做令尹，没有喜悦的脸色；多次被免官，没有怨恨的脸色。他当令尹时的政事，必定告诉新令尹。此人怎么样？”孔子说：“可以算是忠于职守。”子张又问：“算得上仁吗？”孔子说：“不知道。这怎能算是仁呢？”

子张又问：“崔杼杀了齐庄公，陈文子有四十匹马，舍弃不要，离开了齐国。到了另一个国家,说:‘这里的执政者同我们齐国的大夫崔杼一样。’就又离开了。到了另一个国家又说:‘这里的执政者同我们齐国的大夫崔杼一样。’就又离开了。此人怎么样?”孔子说:“可以算是清白了。”子张又问:“算得上仁吗?”孔子说:“不知道,这怎能算得上仁呢?”

5.20 季文子三思而后行。子闻之,曰:“再,斯可矣。”

【注】

季文子:鲁国大夫季孙行父,在宣公、成公、襄公三代任正卿。季孙氏是鲁国执政的三家贵族中势力最大的,但季文子并不骄横。《左传·襄公五年》说他“无衣帛之妾,无食粟之马,无藏金玉,无重器备”。因此,孔子虽对季孙氏(“三桓”)不满,对季文子却有好评。季文子也的确“三思而后行”。据《左传·成公六年》记载,成公六年(前585)秋,季文子出使晋国前曾命部属学丧事礼仪。八月,晋襄果然病死。

三:古代“三”往往不指确数,而是泛指多次。但这里和“再”相对,应是确数。

再:两次。“再”后省“思”。

【译文】

季文子做事,思考多次才行动。孔子听到这件事,说:“思考两次,就可以了。”

5.21 子曰:“宁武子,邦有道,则知;邦无道,则愚。其知可及也,其愚不可及也。”

【注】

宁武子:卫国大夫,名俞,谥号“武”。其父宁速,谥号“庄”。《集注》:“武子仕卫,当文公、成公之时,文公有道,而武子无事可见,此其知之可及也。成公无道,至于失国。而武子周旋其间,尽心竭力,不避艰险,凡其所处,皆知巧之士所深避而不肯为者,而能卒保其身,以济其居。此其愚之不可及也。”

《集注》失于考证。卫文公时,宁武子尚未事卫。《四书人物备考》:“武子未尝事文公。古晋,公族世为大夫,父死子继,成(公)元年,速(宁速,武子之父)犹会盟于向,至成(公)三年,俞始盟于宛濮(《左传·僖公二十八年》)可见有道无道均属成公朝。”

《集释》:按:“卫文、成二君,皆不得为有道,而亦未尝大无道,此有道无道当以成公时国之安定、危乱言之。”

愚:《集解》:“佯愚似实,故曰‘不可及’。”

《集注》:“邦无道能沈晦以免患。”

【译文】

孔子说:“宁武子此人,国家有道,就精明;国家无道,就(装)愚笨。他的精明(别人)赶得上;他装愚笨,别人不可能赶上。”

5.22 子在陈曰:“归与!归与!吾党之小子狂简,斐然成章,不知所以裁之。”

【注】

陈:国名,周武王封舜的后裔伪满于陈,故地在今豫东、皖北一带。

党:古代居民组织,五百家为一党,五党为州,五州为乡。

《集注》:“此孔子周流四方,道不行而思归之叹也。吾党小子指门人之在鲁者。狂简志大而略于事也。斐,文貌。成章,言其文理成就有可观者。裁,割正也。夫子初心欲行其道于天下,至是而知其终不用也,于是始欲成就后学以传道于来世。又不得中行之士而思其次,以为狂士志意高远,犹或可与进于道也。但恐其过中失正,而或陷入异端耳。故欲归而裁之也。"

斐然:有文采的样子。

章:花纹,文采。引申为文学文章。

【译文】

孔子在陈国,说:"回去吧!回去吧!我家乡的那帮学生志向远大而阅历少,文采斐然可观,但不知怎样节制自己。"

5.23 子曰:"伯夷、叔齐不念旧恶,怨是用希。"

【注】

伯夷、叔齐:商代末年孤竹国君之二子。夷、齐是名,伯、仲、叔、季是兄弟排行的顺序。孤竹国在今辽宁省境内。《集释》引唐以前古注:"孤竹之国,是殷汤正月三日所封,其子孙相传至夷齐之父也……伯夷,名允,字公信。叔齐,名致,字公达。伯夷大而庶,叔齐小而正,父薨,兄弟相让,不復立也。"

《集注》:"……孟子称其不立于恶人之朝,不与恶人言。与乡人立,其冠不正,望望然去之……然其所恶之人,能改即止,故人亦不甚怨之也。"是用,即"用是",因此。

【译文】

孔子说:"伯夷、叔齐不记旧仇,因此别人对他们的怨恨也就很少。"

5.24 子曰:"孰谓微生高直?或乞醯焉,乞诸其邻而与之。"

【注】

微生高:《集解》:"微生,姓,名高,鲁人也。乞之四邻以应求者,非为直人。"

醯(xī):醋。

诸:之、于的合音。兼词。

【译文】

孔子说:"谁说微生高正直?有人向他要点醋,他向邻居要了点给了他。"

5.25 子曰:"巧言令色足恭,左丘明耻之,丘亦耻之。匿怨而友其人,左丘明耻之,丘亦耻之。"

【注】

足:过分。

左丘明:鲁国史官,姓左丘,《左传》作者,孔子敬重他。

《集解》:"匿怨而友,内心相怨而外诈亲也。"

【译文】

孔子说:"花言巧语,假装好脸色,过分恭敬,左丘明认为这种人可耻,我也认为这种人可耻。掩藏内心的怨恨,却与那些怨恨的人友好,左丘明认为这种人可耻,我也认为这种人可耻。"

5.26 颜渊、季路侍。子曰:"盍各言尔志。"

子路曰:"愿车马衣轻裘与朋友共,敝之而无憾。"

颜渊曰:"愿勿伐善,无施劳。"

子路曰:"愿闻子之志。"

子曰:"老者安之,朋友信之,少者怀之。"

【注】

颜渊:名回,字子渊。

季路:即子路。季,兄弟排行最小的。

侍:在尊长旁边陪着。《译注》:"若单用'侍'字,便是孔子坐着,弟子站着。若用‘侍坐’,便是孔子和弟子都坐着。至于‘侍侧’则或坐或立,不加肯定。”

盍:兼词,“何”“不”的合音。

裘:皮衣。衣裘即衣裳。《正义》:“凡裘服,毛在外,故有加衣以裘之,衣裘犹衣裳。”据前人考证,唐代以前古本无“轻”字,“轻”乃宋人妄加。《论语注疏》:“衣裘以轻者为美。”表明“轻”的修饰作用很重要。现行的《论语》都有“轻”字。

《集注》:“……敝,坏也。憾,恨也。伐,夸也。善,谓有能。施,亦张大之意。劳,谓有功。《易》曰:‘劳而不伐’是也。或曰:‘劳,劳事也。劳事非己所欲,故亦不欲施之于人。’亦通。老者养之以安,朋友与之以信,少者怀之以恩。一说:‘安之,安我也。信之,信我也。怀之,怀我也。’亦通。”

怀:归附,依附。

【译文】

颜渊、子路侍立在孔子座位旁。孔子说:“何不各自说说你们的志向?”

子路说:“愿把我的车马衣服同朋友共享,用坏了也不遗憾。”

颜渊说:“愿不夸耀好处,不施加劳役给别人。”

子路说:“希望听听老师您的志向。”

孔子说:“老人使他安康,朋友使他信任我,年青人使他得到关怀。”

5.27 子曰:“已矣乎,吾未见能见其过而自讼者也。”

【注】

已:完毕,完了。《玉篇》:“已,毕也。”

讼:责备。《集解》:“此章疾时人有过没能自责也。讼,犹责也。

已，终也。吾未见有人能自见其已过，而内自责也，言终将不复见，故云‘已矣乎’。”按：孔子认为道德下滑，知过不改的世风难以好转，因而失望感叹。

【译文】

孔子说：“完了啊！我没见过能见到他（自身）的过错，就内心自责的人。”

5.28 子曰：“十室之邑，必有忠信如丘者焉，不如丘之好学也。”

【注】

邑：人聚居的地方。《周礼·地官·里宰》郑玄注：“邑，犹里也。”《论语释故》：“四井为邑，井有三家，四井凡十二家。言十室举成数也。有夫有妇，然后为室。”

【译文】

孔子说：“十户人家的村邑，（也）必定有像我一样忠诚信实的人，（只是）不如我爱好学问罢了。”

6. 雍也

6.1 子曰:“雍也可使南面。”

【注】

南面:面向南。古代坐北朝南为尊位。天子、诸侯、卿大夫听政时都南面而坐。《经义述闻》:“南面,有谓天子及诸侯者,有谓卿大夫者。雍之可使南面,谓可使为卿大夫也。”

【译文】

孔子说:“冉雍啊,可以让他做官。”

6.2 仲弓问子桑伯子。子曰:“可也,简。”

仲弓曰:“居敬而行简,以临其民,不亦可乎?居简而行简,无乃大简乎?”子曰:“雍之言然。”

【注】

子桑伯子:姓桑,名伯。《论语正义》:“桑,氏,伯,字。下‘子’字为男子之美称;上‘子’字,则弟子尊其师者之称。如子沈子,子公羊子之例。”王肃注:“伯子,书传无见焉。”《注疏》:“‘书传无见’不知何人也。”关于桑伯,古人有诸多推测,但都不可信。

可:可以。《集注》:“可者,仅可而有所未尽之辞。”按:此“可”语气不十分肯定,只是说大体可以,勉强过得去。这种语气,现代汉语要加“还”表示。

简:简单,简略。

居:平时,平常。

敬:严肃,慎重。《说文》:“敬,肃也。”《玉篇》:“敬,恭也,慎也。”

临其民:临,统治,治理。贾逵《国语注》:“临,治也。治谓治理也。”

无乃:恐怕,只怕。委婉地表示对事物的估计看法。

大(tài):通“太”。《说文解字》:“古只作‘大’,不作‘太’。《易》之‘大极’,《春秋》之‘大子’‘大上’,《尚书》之‘大誓’‘大王王季’,《史》《汉》之‘大上皇’‘大后’,后人皆读为‘太’。”

【译文】

仲弓问子桑伯子的人品怎样。孔子说:“还可以,他做事宽略。”仲弓说:“以此来治理他辖区的民众,不也可以吗?平时宽略,做事也宽略,恐怕太简单了吧?”孔子说:“冉雍的话很对。”

6.3 哀公问:“弟子孰为好学?”孔子对曰:“有颜回者好学,不迁怒,不贰过。不幸短命死矣,今也则亡,未闻好学者也。”

【注】

迁怒:把怒气转移到局外人身上。如受了强者的气,而拿弱者出气。

贰:再,重复。《字彙·贝部》:“贰,重也。”

短命:《史记·仲尼弟子列传》:“颜回少孔子三十岁,年二十九,发白尽,蚤死。”

【译文】

鲁哀公问:“(你的)学生哪个是爱好学习的?”孔子回答说:“有个叫颜回的好学,不拿弱者出气,不重犯同样的错误。不幸短命死了,现在没有(这样的学生)了,没听说好学的了。”

6.4 子华使于齐,冉子为其母请粟。子曰:“与之釜。”

请益。曰:“与之庾。”

冉子与之粟五秉。

子曰:“赤之适齐也,乘肥马,衣轻裘。吾闻之也:君子周急不继富。”

【注】

子华:公西赤,字子华,孔子弟子。《集释》引唐以前古注:“子华有仪容,故为使往齐国也。但不知为鲁君之使为孔子之使耳。”按:当时孔子任司寇。

《集注》:“子华,公西赤也。使为孔子使也。釜,六斗四升。庾,十六斗。秉,十六斛。”

冉子:冉有,孔子弟子。郑玄说:“称子者,冉有门人所记也。”

适:前往,到……去。

乘肥马,衣轻裘:当时不骑马,春秋典籍无“骑”字。“乘肥马”即乘坐肥马拉的车。衣,动词,穿。

周急:周济穷人之急需。

继:接济,增益。《注疏》:“君子当周救人之穷急,不继接于富有。”

这一对话当在孔子为司寇时。《史记·孔子世家》记载,鲁定公十三年冬孔子“由大司寇行摄相事”。摄,代理。

【译文】

子华出使齐国,冉求替子华母亲请求补助谷子。孔子说:“给他一釜(六斗四升)。”冉求请求再增加一些。孔子说:“再给他一庾(二斗四升)。”冉求给了他谷子五秉(八十斛,即八百斗)。孔子知道后说,“公西赤到齐国去,乘坐肥马拉的车,穿轻暖的皮袍。我听说过,君子周济急需救助的穷人,不给富人增加财富。”

6.5 原思为之宰,与之粟九百,辞。子曰:“毋!以与尔邻里乡党乎！”

【注】

原思：原宪，字子思，鲁国人，孔子弟子。

与之粟九百：之，代原思。“九百”只有数词，无量词。汉儒孔安国注为“石”，郑玄注为“釜”，还有人认为是“斛”，都不妥。清程树德《论语集释》认为应该是“斗”，此说正确，“斗”是容量的基本单位。

【译文】

原思当了孔子家的总管，孔子给他谷子九百斗，原思辞谢不受。孔子说：“别推辞！把这些粮分给你的同乡邻居嘛！”

6.6 子谓仲弓曰：“犁牛之子骍且角，虽欲勿用，山川其舍诸？”

【注】

子谓仲弓曰：谓，评论。皇侃《义疏》：“谓，评论之辞也。”下文所言，也是评论仲弓的比喻。

犁牛之子骍且角：《集解》：“骍，赤色；角者，角周正，中牺牲也。”“中牺牲”即符合太庙祭祀标准的祭品，比喻仲弓堪作大用。

此段说牛、说祭品都是为了说人，仲弓之父是“贱人”，但仲弓有做官的才能，孔子说：“雍也可使南面。”但朝廷不用他，所以孔子感慨万千。

【译文】

孔子评论仲弓说：“耕牛生的小牛，长着红色的毛，角也长得周正，（正符合做祭品的标准）。即使朝廷不想用，但山川之神难道会舍弃它吗？”

6.7 子曰：“回也，其心三月不违仁，其余则日月至焉而已矣。”

【注】

三月、日月:《译注》:“这种词语必须活看,不能被字面意思所拘束,因此译文用‘长久地’译‘三月’,用‘短时期’‘偶然’来译‘日月’。”《集注》:“三月言其久。仁者,心之德。心不违仁者,无私欲而有其德也。明至焉者,或日一至焉,或月以至焉,能造其域而不能久也。”按:造,至:到。

【译文】

孔子说:“颜回啊,他的思想能长久地不违背仁德,其余的人,不过是偶尔能达到不违背仁德罢了。”

6.8 季康子问:“仲由可使从政也与?”子曰:“由也果,于从政乎何有?”曰:“赐也可使从政也与?”曰:“赐也达,于从政乎何有?”曰:“求也可使从政也与?”曰:“求也艺,于从政乎何有?”

【注】

《论语释说》:“这段语录是孔了周游列国丨四年后受季康子邀请回到鲁国的时候说的。”按:请孔子回鲁一事,史书无载。《正义》:“鲁人使使召冉求,冉求先归。至此康子始问三子从政,则由、求之仕季氏,并在夫子归鲁之后。”

《集注》:“从政,谓为大夫。果,有决断。达,通事理。艺,多才艺。”何有,即“有何(困难)”。《集释》引唐以前古注:“何有者,有余力也。”

【译文】

季康子问:“仲由这个人可以让他管理政事吗?”孔子说:“仲由办事果断,对于管理政事有什么困难呢?”

季康子又问:“端木赐可以让他管理政事吗?”孔子说:“端木赐通达事理,对管理政事有什么困难呢?”

季康子又问:“冉求这个人可以让他管理政事吗?”孔子说:“冉

求多才多艺，对于管理政事有什么困难呢？”

6.9 季氏使闵子骞为费邑宰，闵子骞曰：“善为我辞焉！如有复我者，则我必在汶上矣。”

【注】

闵子骞：名损，字子骞，孔子弟子，比孔子小15岁。

《集解》：孔曰：“费，季氏邑。季氏不臣，而其邑宰数叛。闻子骞贤，故欲用之。不欲为季氏宰，语使者曰：‘善为我作辞说，令不复召我也。’复我者，重来召我也。去之汶上，欲北如齐也。”

费邑宰：费邑的行政长官，类似后世之县长，但不宜称“县长”。

如有复我者：复，再。“复”后省“召”。

必在汶上矣：汶水，今山东大汶河。樊廷枚《四书释地补》：“汶水在齐之南，鲁之北，二国之境以汶分，诸汶水唯此为大。”“水以北为阳，凡谋水之上者，皆谓水北。”

【译文】

季氏想请闵子骞担任费邑的行政长官，闵子骞说：“你好好地替我推辞掉把！如果再来召我，我就要逃到汶水之北去了。”

6.10 伯牛有疾，子问之，自牖执其手曰：“亡之，命矣夫！斯人也而有斯疾也！斯人也而有斯疾也！”

【注】

《集注》：“伯牛，孔子弟子，姓冉，名耕。有疾，先儒以为癞也。”牖，南牖也。礼，病者居北牖下，君视之，则迁南牖下，使君得以南面视己。时伯牛家以此礼尊孔子，孔子不敢当，故不入其室而自牖执其手，盖与之永诀也。命，谓天命。”问，探问。

亡之：《集解》：“孔曰：‘亡，丧也。疾甚，故执其手曰亡之’。”按：

此解是权威解释,但对病人说“要死了”不合情理。《论语注疏》:“‘亡,无也。’将‘亡’释为‘无’,文义顺理成章。”斯,这。

【译文】

伯牛患了癞病,孔子去探望他,从窗户伸进手去握着他的手,说:“(伯牛)没有患这种病的道理,这是命啊!这样的人竟患了这样的病!这样的人竟患了这样的病!”

6.11 子曰:“贤哉,回也!一箪食,一瓢饮,在陋巷,人不堪其忧,回也不改其乐。贤哉,回也!”

【注】

箪(dān):古代盛饭的竹器,圆形。

《集注》:“箪,竹器。食,饭也。瓢,瓠也。颜子之贫如此,而处之泰然,不以害其乐,故夫子再言‘贤哉回也’,以深叹之。”

【译文】

孔子说:“颜回真是贤德呀!一竹盘饭,一瓢水,住在简陋的巷子里,别人忍受不了这种忧苦,而颜回却不改变他的乐观态度。颜回真是贤德呀!”

6.12 冉求曰:“非不说子之道,力不足也。”子曰:“力不足者中道而废。今女画。”

【注】

说(yuè):同“悦”。

中道:半道,中途。

女(rǔ):同“汝”。

《集解》:“孔曰:‘画,止也,力不足者,当中道而废。今女自止耳,非力极也。’”

《集注》:“力不足者,欲进而不能。画者,能进而不欲。谓之画者,如画地以自限也。”

【译文】

冉求对孔子说:“我不是不喜欢您的学说,是我力量不够。”孔子说:“真正能力不够的人,是走到半路停下来。而你是画地自限,不愿前行。”

6.13 子谓子夏曰:“女为君子儒!无为小人儒!”

【注】

《集解》:”孔曰:‘君子为儒,将以明道。小人为儒,则矜其名。’”《集注》:“儒,学者之称。程子曰:‘君子儒为己,小人儒为人。’”《译注》:“君子当然指道德品质优秀的人。”

【译文】

孔子对子夏说:“你要做君子式的儒者,不要做小人式的儒者。”

6.14 子游为武城宰。子曰:“女得人焉耳乎?”曰:“有澹台灭明者,行不由径,非公事,未尝至于偃之室也。”

【注】

武城:鲁国城邑,在今山东费县西南。

人:人才。

《集注》:“澹台,姓,灭明,名,字子羽。径,路之小而捷者。公事,如饮射读法之类。不由径,则动必以正,而无见小欲速之意可知。非公事不见邑宰,则其有以自守,而无枉已徇人之私可见矣。”

焉耳乎:“《注疏》:焉耳乎皆语助辞。”阮元《校勘记》认为“焉”即“于”,“耳”应作“尔”,训“此”。盖“焉尔”者,犹“于此”也,言你得人于此乎哉?“此”者,武城也。如书作“耳”则不通矣。按:

清代人对“焉”的认识还不全面，现代的说法是此句的“焉”是指示代词兼句末语气词，相当于“于是”“于此”。

澹(tán)台灭明：字子羽，少孔子39岁。《史记·仲尼弟子列传》说：“澹台灭明状貌甚恶。欲事孔子，孔子以为材薄。既已受业，退而修行……名施乎诸侯，孔子闻之曰：‘……以貌取人，失之子羽。’”《译注》认为，从答话的语气看，此时他还不是孔子弟子，因为“有……者”的提法表示这人是听者不曾知道的。

【译文】

子游做武城邑的长官。孔子说：“你在这儿得到人才了没有？”子游说：“有一个叫澹台灭明的人，走路不走邪路，不办公事从不到我屋里来。”

6.15 子曰：“孟之反不伐，奔而殿，将入门，策其马，曰：‘非敢后也，马不进也’。”

【注】

孟之反：鲁国大夫，姓孟，名侧，字子反。

伐：夸耀。

奔：战败逃跑。殿：在最后，指在队伍最后掩护全军撤退，即“殿后”。

《集解》：“孔曰：‘鲁大夫孟之侧与齐战，军大败。不伐者，不自伐其功也。’马曰：‘殿，在军后。前曰启，后曰殿。孟之反贤而有勇，军大奔，独在后为殿。人迎为功之，不欲独有其名，曰：我非敢在后拒敌也，马不能前进耳。’”

【译文】

孔子说：“孟之反不夸耀自己，鲁军败逃时，他留在最后，掩护全军撤退，将要进入城门的时候，他鞭打自己的马说：‘并非我敢于殿后,而是马跑不快。'"

6.16 子曰:"不有祝鮀之佞,而有宋朝之美,难乎免于今之世矣。"

【注】

不有:假若没有。

祝鮀(tuó):卫国大夫,字子鱼也,时世贵之。宋朝,宋之美人而善淫。言当如祝鮀之佞,而反如宋朝之美,难乎免于今之世害也。

【译文】

孔子说:"假如没有祝鮀的口才,却有宋朝的美貌,在今天的社会里怕难得避免祸害了。"

6.17 子曰:"谁能出不由户?何莫由斯道也?"

【注】

《集解》:"孔曰:'言人立身成功当由道,譬如人出入要当从户。'"出,指从屋里走出。户,房门。

【译文】

孔子说:"谁能从屋里走出不通过房门呢?为什么没有人沿着这条仁义之路行走呢?"

6.18 子曰:"质胜文则野,文胜质则史。文质彬彬,然后君子。"

【注】

《集解》:"包曰:'野如野人,言鄙略也。史者,文多而质少。彬彬文质相半之貌。'"

《集注》:"野,野人,言鄙略也。史掌文书,多闻习事,而诚或不足也。彬彬,犹班班,物相杂而适均之貌,言学者当损有余补不足,至于成德则不期然而然矣。"

《译注》:“儒认为礼乐是文,仁义是质,两者必须配合适当。

史:《仪礼·聘礼》:“辞多则史,少则不达。”即繁琐、浮华。

【译文】

孔子说:“朴实胜过文采就粗野,文采胜过质朴就繁琐、浮华。只有质朴和文采配合恰当,才是君子。”

6.19 子曰:“人之生也直,罔之生也生也幸而免。”

【注】

罔:诬罔的人,不直的人,即不正直、邪曲之人。

《集解》:“马曰:‘言人之所以生于世而自终者,以其正直也。’包曰:‘诬罔正直之道而亦生,是幸而免。’”

【译文】

孔子说:“人的生存由于正直,不正直的人也可以生存,那是他侥幸免于灾祸。”

6.20 子曰:“知之者不如好之者,好之者不如乐之者。”

【注】

好(hào):爱好,喜好。

乐之:以之为乐。意动用法。

《集解》:“包曰:‘学问知之者不如好之者笃,好之者不如乐之者深。’”按:笃,坚定。引申意为深,甚。

《集释》:“程按:此章指学问而言,与道无涉。”

【译文】

孔子说:“对于学问,知道它,不如爱好它,爱好学问的不如以研究学问为乐的。”

6.21 子曰:“中人以上,可以语上也;中人以下,不可以语上也。”

【注】

中人:中等资质的人。

语:告诉。

上:上等的道理。

《集解》:“王曰:‘上,谓上智之所知也。两类中人,以其可上可下也。’”

【译文】

孔子说:“对中等以上资质的人,可以告诉他们高深的学问,对于中等资质以下的人,不可以告诉他们高深的学问。”

6.22 樊迟问知。子曰:“务农之义,敬鬼神而远之,可谓知矣。”

问仁。曰:“仁者先难而后获,可谓仁矣。”

【注】

知(zhì):同“智”,智慧。

务:致力,专心从事。

义:应该做的事。务民之义,专心致力于应做之事。《礼记·礼运》曰:“何为人义? 父慈、子孝、兄良、弟悌、夫义、妇听、长惠、幼顺、君仁、臣忠,十者谓之人义。”

【译文】

樊迟问(从政)怎样才算明智。孔子说:“专心致力于民众认为应该做的事,尊敬鬼神却疏远鬼神,(这样)就可以说是明智了。”

(樊迟)又问怎样才算仁德。孔子说:“仁德的人先受劳苦之难,然后获得收获,(这)可以说是仁德了。"

6.23 子曰:"知者乐水,仁者乐山。知者动,仁者静。知者乐,仁者寿。"

【注】

知:同"智"。

乐水、乐山:乐,喜爱。知者乐,快乐。

《集注》:"乐,喜好也。知者达于事理而周流无滞,有似于水,故乐水。仁者安于义理,而厚重不迁,有似于山,故乐山。动静以体言,乐寿以效言也。动而不括故乐,静而有常故寿。"

《注疏》:"知者动者,言知者常务进,故动。仁者静者,言仁者本无贪慾,故静。"

【译文】

孔子说:"智慧的人喜欢水,仁德的人喜欢山。智慧的人爱动,仁德的人沉静。智慧的人快乐,仁德的人长寿。"

按:前人的诠释顺理成章,但是是否孔子原意,值得思考。因智者、仁者无明显界限,智者可是仁者,仁者也可是智者,如孔子、孟子就既是仁者,又是智者。还有一些有治国用兵之术却残民以逞的人,也是"智者",但他们的情怀能与"仁人"一样吗?

如果用"互文"诠释,文意会更畅达、圆满。贾公彦《仪礼义疏》:"凡言互文者,是两物各举一边而省文,故曰互文。"互文的形式之一是把一个完整的句意拆开,分置于两句或两个以上的词组中,理解时再互相补充拼合起来。据此,本节可解为:知者仁者喜欢山水,知者仁者喜欢活动、沉静,知者仁者快乐长寿。

此类"互文"在古籍中常见,《左传·隐公元年》:"公入而赋:'大隧之中,其乐也融融。'姜出而赋:'大隧之外,其乐也洩洩。'"孔颖达疏:“入言公,出言姜,明俱出入,互相见。”按:“互相见”即“互文见”义。

6.24 子曰:“齐一变,至于鲁;鲁一变,至于道。”

【注】

道:“《集释》引唐以前古注:韩曰:‘道谓王道,非大道之谓。’”

程树德按:此说较《集解》为胜,似可从。

《集注》:“孔子之时,齐俗急功利,喜夸诈,乃霸政之余习。鲁则重礼教,崇信义,优有先王之遗风焉。但人亡政息,不能无废坠尔。道则先王之道也。言二国之政俗有美恶,故其变而之道有难易。”

李泽厚:《论语今读》:“这是说鲁高于齐,因为鲁是周公的后代,保留和潜存的周代礼制和风习更深。”

【译文】

孔子说:“齐国一变革(就)能达到鲁国的水平,鲁国一变革就能达到理想的政治局面。”

6.25 子曰:“觚不觚,觚哉!觚哉!”

【注】

觚(gū):古代酒器,青铜材质,喇叭形,细腰,高圈足,腹和圈足上有棱,盛行于商代和西周初期。

《集注》:“觚,棱也,或曰酒器,或曰木简,皆器之有棱者也。不觚者,盖当时失其制而不为棱也。觚或觚哉,言不得为觚也。”不觚,不像觚。觚,动词。

【译文】

孔子说:“觚不像觚,这也算是觚吗!这也算是觚吗!”

6.26 宰我问曰:“仁者,虽告之曰,‘井有仁焉’,其从之也?”子曰:“何为其然也?君子可逝也,不可陷也;可欺也,不可罔也。”

【注】

仁:即仁人。

逝:《译注》:古代“逝”字与“往”字的字义不同,往而不返才用“逝”字。

陷:陷入井中。若救人者陷入井中,非但不能救人,自己也需要人救了,所以孔子说:“不可陷也。”

可欺:可用正当理由欺骗。

罔:愚弄、蒙蔽。

《集解》:“宰我以为仁者必济人于患难,故问有仁人墮井,将自投下从而出之不乎。欲极观仁者忧乐之所至也。逝,往也。言君子可使之往视耳,不肯自投从之也。”马曰:“可欺者,可使往也。不可罔者,不可得诬罔,令自投下也。”

【译文】

宰我问道:“仁德的人即使告诉他说:‘有个仁人掉到井里。’他会随着跳下去吗?”孔子说:“为什么他要这样(下井救人)呢?君子可以去救落井人,却不能自己陷入井中;可以被谎言欺骗,却不会被愚弄。”

6.27 子曰:“君子博学于文,约之以礼,亦可以弗畔矣夫!”

【注】

文:书籍,文献典籍。

约:约束,节制。

畔:是“叛”的假借字。弗畔,不背叛道。《注疏》:“此章言君子若博学于文,复用礼自检约,则不违道也。”

【译文】

孔子说:“君子广博地学习文献,用礼制约束自己,也就可以不离经叛道了。”

6.28 子见南子,子路不说。夫子矢之曰:“予所否者,天厌之!天厌之!”

【注】

南子:卫灵公夫人,把持当时卫国的政治,有淫乱行为。《集注》:“南子,卫灵公夫人,有淫行。孔子至卫,南子请见,孔子辞谢,不得已而见之。盖古者仕于其国,有见其小君之礼,而子路以见此淫乱之人为辱,故不悦。”按:“小君”指国君夫人。

矢:约誓。《尔雅·释言》:“矢,誓也。”

所:连词,表假设,相当于“若”“如果”。

厌:憎恶、嫌弃。

之:代词,指代“我”。《聊斋志异·画皮》:“如怜妾而活之,须秘密勿泄。”按:“活之”即使我活。

否:表否定,和肯定词对举时,其谓语常省略。《集注》:“否谓不合于礼,不由其道也。”

【译文】

孔子去见南子,子路不高兴。孔子发誓说:“我如果做了不符合礼的事,天厌弃我!天厌弃我。”

6.29 子曰:“中庸之为德也,其至矣乎!民鲜久矣!”

【注】

中庸:《集注》:“中者,无过无不及之名也。庸,平常也……程子曰:‘不偏之谓中,不易之谓庸。中者天下之正道,庸者天下之定理。’”

《译注》:"'中',折中、无过,也无不及,调和。'庸',平常。孔子拈出这两个字,就表示他的最高道德标准,其实就是折中和平常的东西。"

之:助词,使句子"中庸为德"加"之"后成为偏正词组,作主语。

至:极点,到极点。《玉篇》:"至,极也。"

【译文】

孔子说:"中庸作为道德,那是极点了!民众缺少中庸之德很久了!"

6.30 子贡曰:"如有博施于民而能济众者,何如?可谓仁乎?"子曰:"何事于仁!必也圣乎!尧舜其犹病诸!夫仁者,己欲立而立人,己欲达而达人,能近取譬,可谓仁之方也已。"

【注】

施:给予。

济:周济,救助。

何事于人:《注疏》"言君能博施济众,何止事于仁,谓不啻于仁。"把反问句"何事于人"意译为"不啻于仁"。杨树达《词诠》:"啻,副词。刘淇云:'啻,仅也,止也,第也,但也。'树达按:啻多与'不'、'奚'连用。"据此,"何事……"可解为"何止……"。

《集注》:"言此何止于仁……"这是把"何事"解为"何止"。《译说》:"事是止的假借字。'事''止'上古音皆八之部,故能通假。"(据王力《上古音韻部及常用字归部表》)

还另有解释。《正义》:"事,犹'为'也。"《诠解》:"何事于仁即哪里只是达到仁。"事于,做到。按:《诠解》的解释不统一,"哪里只是"把"事"解为"啻""止",采用了邢昺《论语注疏》的解释,而把"事于"解为"做到"则用了《论语正义》的解释。按:此二解都可讲通,但中国现有的大字典没有这两个义项。

其:副词,表揣度,也许、大概。

病:难,为难。

诸:兼词,“之”“乎”的合音。

譬(pì):用比喻说明事理。

达:显达,显贵。

己欲达而达人:达人,使人达。使动用法。

【译文】

子贡说:“如果有人广泛地给人民(实惠)而且能救助民众,怎么样?可以称为仁人吗?”孔子说:“何止是仁人,必定是圣人啊!尧舜也许还难以做到!所谓仁人,(就是)自己想要安身立命,还要帮别人安身立命,自己想事业通达,还要帮别人事业通达。凡事能够就近以自身作比,推己及人,可以说是实践仁道的方法了。”

7. 述而

7.1 子曰:“述而不作,信而好古,窃比于我老彭。”

【注】

述:阐述前人成说。

作:创作。

《集注》:“述,传旧而已,作,则创始也。故作非圣人不能,而述则贤者可及。”

古:古代(文化)。用定语代中心词。

窃:谦词,私自、私下。清刘淇《助字辨略》:“窃,凡云窃者,谦词,不敢径直以为何如,故云窃也。”

于:介词,引进比较异同的对象,相当于“同”“跟”。

老彭:《正义》:“老彭,殷大夫,夫子亦殷人,故加‘我’以亲之。”《集注》:“老彭,商贤大夫也。见《大戴礼》,盖信古而传述者也。孔子删《诗》《书》,定礼乐,赞《周易》,修《春秋》,皆传先王之旧,而未尝有所作也,故其自言如此。”

【译文】

孔子说:“只阐述前人的典籍,不创作新书,信奉而且爱好古代文化,我私下里同老彭相比。”

7.2 子曰:“默而识之,学而不厌,诲人不倦,何有于我哉?”

【注】

识(zhì):记住。

诲:教导,教诲。

何有:有何难。

【译文】

孔子说:“默默地记住所学的知识,努力学习而不满足,教诲别人而不厌倦,这对我有什么困难呢?”

7.3 子曰:“德之不修,学之不讲,闻义不能徙,不善不能改,是吾忧也。”

【注】

德之不修,之,表宾语提前;修,动词;德,宾语。

徙:迁徙,迁移,改变。《注疏》:“此章言孔子忧在修身也,德在修行,学须讲习,闻义事当徙从之,有不善当追悔改之。”

闻:知道,懂得。

【译文】

孔子说:“不修养品德,不讲求学识,知道了正义的事不能全力以赴地去做,做了不善的事不能改正,这些都是我忧虑的。”

7.4 子之燕居,申申如也,夭夭如也。

【注】

《集注》:“燕居,闲暇无事之时。”杨氏曰:“申申其容舒也,夭夭,其色愉也。”

【译文】

孔子在家闲住的时候,容貌舒展,表情愉悦。

7.5 子曰:“甚矣,吾衰也!久矣,吾不复梦见周公!”

【注】

周公:姓姬,名旦,周文王之子,武王之弟,成王之叔,鲁国首任国君伯禽之父。武王崩,成王幼,周公摄政,平定了管叔、蔡叔和武庚的叛乱,又改订官职,制礼作乐,巩固了周王朝,是孔子最敬佩的古代圣人之一。

甚:表示程度深,是形容词,在此句中不是程度副词。《广雅·释言》:"甚,剧也。"《说文解字注》:"甚,犹甘也。引申凡殊、尤皆曰甚。"按:"剧""甚"同义,相当于"厉害""严重"。"甚矣"是谓语前置,"吾衰"是主谓结构作主语。

【译文】

孔子说:"我衰老得多厉害呀!很久了,我没再梦见周公了!"

7.6 子曰:"志于道,据于德,依于人,游于艺。"

【注】

游:游习。

艺:指礼、乐、射、御、书、数,六艺是孔子教育学生的六门知识。

李泽厚《论语今读》:"这大概是孔子的教学总纲。'游'并非朱熹注的'玩物适情之谓',而应是熟练掌握礼、乐、射、御、书、数六艺,犹如鱼之在水,十分自由,即通过技艺之熟练掌握而获得自由和愉快也。"

【译文】

孔子说:"志向在道,依据在德,依靠在仁,游乐在礼、乐、射、御、书、数六艺之中。"

7.7 子曰:"自行束修以上,吾未尝无诲焉。"

【注】

束修:干肉,又叫脯。每条脯叫一脡,十脡扎成一束。束修就是十条干肉,是古代一种菲薄的见面礼。《注疏》:"古者,持束修以为礼,然此是礼之薄者,其厚者则有玉帛之属,故云'以上'以包之也。"

未尝:否定副词。有两解:①未曾;②用在否定词前构成双重否定,词义跟"不是"(不、没)相同,但口气更委婉。

【译文】

孔子说:"只要自己拿一点薄礼来见我,我没有不教诲的。"

7.8 子曰:"不愤不启,不悱不发。举一隅不以三隅反,则不复也。"

【注】

愤:郁结于心。《说文解字》:"愤,懑也。"

启:教导,开导,如启蒙,启发。《说文解字》:"启,教也。"

悱:想说而说不出的样子。《集韵·尾韵》:"悱,心欲也。"《集解》引郑玄注:"孔子与人言,必得其人心愤愤,口悱悱,乃后启发为说之。"

隅:角,角落。《玉篇·阜部》:"隅,角也。"《注疏》:"邢昺疏:'凡物有四隅者,举一则三隅从可知也。'"举一隅不以三隅反,成语简化为"举一反三"。《集注》:"愤者,心求而未得之意。悱者,口欲言而未能之貌。启,谓开其意。发,谓达其辞。物之有四隅者,举一可知其三。反者,谓以相证之义。复,再告也。"

反:类推。《集解》引郑玄注:"说则举一隅而语之,其人不思其类,则不复重教之。"

复:重复,再来一次。《玉篇·行部》:"复,重也。"

【译文】

孔子说:"不到(学生)用心探索而不得其解的时候,不开导他;不到想把心得说出来却说不完善的时候,不启发他。不能举一反三,就不重复教了。(让他继续钻研。)"

7.9 子食于有丧之侧,未尝饱也。

【注】

丧:人死。《白虎通·崩薨》:“人死谓之丧。”段玉裁《说文解字注·哭部》:“丧,凶礼谓之丧者,郑《礼经目录》云:‘不忍言死而言丧,丧者弃亡之辞……’是则死曰丧之义也。”《集解》:“丧者哀戚,饱食于其侧,是谓无恻隐之心。”《注疏》:“此章言孔子助丧家执事,故得有食。”

《正义》:“《礼记·檀弓》:‘食于丧者之侧,未尝饱也。’毛奇龄《稽求篇》谓《檀弓》所记即夫子事。”

【译文】

孔子在有丧事的人旁边吃饭,不曾吃饱过。

7.10 孔子于是日哭,则不歌。

【注】

《集注》:“哭谓吊丧。 日之内余哀未忘,自不能歌也。”

《论语稽求篇》:“二节皆见《礼记·檀弓》。一曰:‘食于丧者之侧,未尝饱也。’一曰:‘吊于人,是日不乐。’皆与《论语》文同。虽不实署夫子名,但《礼经》出于七十子之徒,多引夫子事,此即以夫子之事为礼者,特‘不乐’‘乐’字即作乐之乐,与‘歌’字同,不音‘洛’字。”

【译文】

孔子在(吊丧)这天哭过,便不再唱歌。

7.11 子谓颜渊曰:“用之则行,舍之则藏,惟我与尔有是夫!”

子路曰:“子行三军,则谁与?”

子曰:“暴虎冯河,死而无悔者,吾不与也。必也临事而惧,好谋而成者也。”

【注】

之:人称代词,我。

行:做,从事。如行善,身体力行。《墨子·经上》:“行,为也。”

舍:止息。《集解》引孔安国注:“言可行则行,可止则止,唯我与颜渊同。”又有“舍”同“捨”,放下,放弃,即“不用”。

藏:隐匿。《说文新附·草部》:“藏,匿也。”

《注疏》:“……唯我与汝有是夫!”邢昺认为“是”后省“行”。行:行为,德行。

行三军:《集注》:“万二千五百人为军,大国三军。”三军,指军队。《注疏》:“子路见孔子独美颜渊,以己有勇,故发此问曰:若子行三军之事,为三军之将,则当谁与同?子路意其与己也。”按:“行三军”即“行三军之事”。行,做,从事。引申为“作……将领(统帅)”,但“行”不能解作“统帅”。

暴虎冯(píng),河:徒手打虎,徒步过河。冯同凭。

则谁与:《集解》:“孔曰:‘为当唯与己俱。’皇侃《义疏》:“子路意必当与己,已有勇故也,故问则谁与之。”程树德按:是亦以“与”字解义为“俱”。按:字典“与”无“俱”义,但与“俱”相近的有“随从”“随着”“亲近”“党与”“朋党”之意。“俱”,可解为“一起”,引申为“共事”。

【译文】

孔子对颜渊说:“用我,就努力推行仁政;不用我就隐藏起来,只有我和你才能这样吧!”

子路说:“如果你统帅三军,找谁共事呢?”

孔子说:“空手打虎,徒步过河,这样死了也不后悔的人,我是不和他共事的。我愿和他共事的,必定是面临重大任务能小心谨慎,善于谋略又能成就大事的人。”

7.12 子曰:“富而可求也,虽执鞭之士,吾亦为之;如不可求,从吾所好。”

【注】

执鞭之士:据《周礼》,有两种“执鞭之士”:一是天子或诸侯出入时,有二至八人手执皮鞭,使人让道;一是市场的守门卒,手执皮鞭维持秩序,二者都是地位低下者。

而:如果,假设连词。

虽:即使。

【译文】

孔子说:“财富如果可以求得,即使做手执皮鞭的市场守门卒,我也愿意去做。如果财富不可求,那就顺遂我所爱好的去做。”

7.13 子之所慎:齐、战、疾。

【注】

齐:同“斋”。周代在祭祀前,先要做一番身心整洁,这就是“斋”,或称“斋戒”。

《集注》:“齐之为言,齐也。将祭而齐其思虑之不齐者,以交于神明也。”

【译文】

孔子所慎重对待的是:斋戒、战争、疾病。

7.14 子在齐闻《韶》,学之,三月不知肉滋味。曰:“不图为乐之至于斯也。”

【注】

齐:齐国。

《韶》:舜时乐曲名。

三月:指很长时间。

《集解》:“孔子在齐闻习《韶》乐之盛美,故忽忘于肉味。王曰:‘为,作也。不图作《韶》乐至于此。此,齐也。’”

《集释》引唐以前古注:“夫《韶》乃大舜尽善之乐,齐,诸侯也,何得有之乎?曰:陈,舜之后也,乐在陈,陈敬仲窃以奔齐,故得僭也。”

不图:没想到。

【译文】

孔子在齐国听到演奏《韶》乐,学习《韶》乐,好几个月吃肉尝不出味道。孔子说:“没想到演奏《韶》乐,竟可达到这种境界。”

7.15 冉有曰:“夫子为卫君乎?”子贡曰:“诺,吾将问之。”入,曰:“伯夷、叔齐,何人也?”曰:“古之贤人也。”曰:“怨乎?”曰:“求仁而得仁,又何怨!”出,曰:“夫子不为也。”

【注】

为:帮助。《译注》:“本义是帮助,译为‘赞成’似乎更合原意。”《集解》:“为,犹‘助’也,卫君者谓辄也。”

卫君:指卫出公辄。辄是灵公之孙,太子蒯聩之子。灵公夫人南子淫乱,蒯聩刺杀她未遂,逃到晋国。灵公死,南子之子郢不敢当国君,遂立辄为君。晋国赵简子要送蒯聩回国,以控制卫国,辄发兵击退晋军和蒯聩。从蒯聩与辄是父子关系看,这是父子争夺君位,同伯夷、叔齐兄弟俩互让君位,最终都抛弃了君位,恰成对比。子贡不便直接问孔子对卫君的态度,而问对伯夷、叔齐的看法,孔子赞扬夷、齐“贤”“仁”。因此子贡推断孔子不会帮卫出公。

诺:答应声(表示同意)。

将:想要,打算。《广雅·释诂》:“将,欲也。”

《集注》:“伯夷、叔齐,孤竹君之二子。其父将死,遗命立叔齐,父卒,叔齐逊伯夷。伯夷曰:‘父命也。’遂逃去。叔齐不立而逃之,国人立其中子。其后武王伐纣,夷、齐扣马而谏,武王灭商,夷、齐耻食周粟,隐于首阳山,遂饿而死。”

怨:悔。

【译文】

冉有说:“老师帮助卫君(辄)吗?”子贡说:“嗯,我要去问问。”进去后问:“伯夷、叔齐是什么样的人呢?”孔子回答说:“古代的贤人。”子贡问:“(兄弟俩互让君位,逃离孤竹国,最终饿死在首阳山),他俩悔恨吗?”孔子说:“他俩追求仁,得到了仁,又有什么悔恨呢?”

子贡出去,说:“老师不帮助(卫君)。”

7.16 子曰:“饭疏食饮水,曲肱而枕之,乐亦在其中矣。不义而富且贵,于我如浮云。”

【注】

饭:吃饭。《说文・食部》:“饭,食也。”

疏:蔬菜,后作“蔬”。《集韵・鱼韵》:“疏,凡草菜可食者,通名为蔬。郭璞说,通作疏。”

肱(gōng):臂。《说文解字》:“厷,臂上也。从又,从古文。厶,古文厷。象形。肱,厷或从肉。”

《集解》:“孔曰:‘疏食,菜食。肱,臂也。’孔子以此为乐。”郑曰:“富贵而不以义者,于我如浮云,非己之有。”

水:古代“水”指冷水。汤,指开水、热水。

《注疏》:“此章记孔子乐道而贱不义也……言己饭菜食,饮水,寝则曲肱而枕之,以此为乐。”

【译文】

孔子说："吃菜饭，喝生水，（睡觉）弯着胳膊当枕头，快乐也在清贫生活当中。用不义手段致富、求官，对我像浮云一样（轻远）。"

7.17 子曰："加我数年，五十以学《易》，可以无大过矣。"

【注】

《易》：又称《周易》，五经之一，是一部用以占卜的书，其中的卦辞和爻辞是孔子以前的作品。

《集解》："《易》穷理尽性，以至于命。年五十而知天命，以知命之年读至命之书，故可以无大过矣。"

【译文】

孔子说："增加我数年时光，五十岁学好《易经》，就可以没有大过错了。"

7.18 子所雅言，《诗》、《书》、执礼，皆雅言也。

【注】

雅：正，合乎规范的。《玉篇・隹部》："雅，正也。"

《集解》："郑曰：'读先王典法必正言其音，然后义全，故不可有所讳，礼不诵，故言执。'"

按：周代以镐京的语音为"正音"，即标准音，相当现代的普通话。孔子平时说鲁国方言，朗读《诗》《书》和执礼时用雅言。

执：主持。

【译文】

孔子以正音读《诗经》《尚书》，主持礼仪，都讲正音。

7.19 叶公问孔子于子路，子路不对。子曰："女奚不曰，其为人也，发愤忘食，乐以忘忧，不知老之将至云尔。”

【注】

叶(shè)公:《注疏》:“叶公名诸梁字子高，为叶县尹，楚子僭称王，故县尹皆僭称公也。”叶，今河南省叶县城南三十里，有古叶城。

女(rǔ):第二人称代词，后作“汝”。

奚:疑问代词，相当于“怎么”“为什么”“哪里”。

发愤:《辞海》(旧版):“谓心求通而自奋也。”发，开启，打开。愤，郁结于心。《说文解字》:“愤，懑也。”《正义》:“人于学有所不知不明，而仰而思之，则必兴起志气，作其精神，故其心愤愤然也。”周按:“发愤”本义是因疑难问题没弄通而烦闷，突然疑难破解，豁然开朗，于是乘势学习，以至“忘食”。这就是“心求通而自奋”。

《正义》:“发愤忘食者，谓好学不厌几忘食也。乐以忘忧者，谓乐道不忧贫也;不知老之将至者，言忘身之老，自强不息也。”

以:因果连词，因此，因而。

云尔:云，代词，因此、因而。尔，同“耳”，而已、罢了。

【译文】

叶公向子路问孔子的为人怎样，子路不回答。孔子说:“你为什么不说，他发愤读书竟忘了吃饭，因快乐而忘了忧愁，不觉得衰老将要来到了，如此而已。”

7.20 子曰:“我非生而知之者，好古，敏以求之者也。”

【注】

知:知道，了解。《集注》:“不待学而知也。”孔子强调自己的知识是学来的，教育学生要勤学。

古:古代，指古代文化。用定语“古代”代替中心词“文化”。

敏:勤勉。刘宝楠《正义》:“敏，勉也。”

以:介词,凭。

【译文】

孔子说:“我不是生来就了解知识的人,(是)爱好古代文化,凭勤奋探求知识的人。”

7.21 子不语怪、力、乱、神。

【注】

语:议论,谈论,辩论。《说文解字》:“语,论也。”《集注》:“谢氏曰:‘圣人语常而不语怪,语德而不语力,语治而不语乱,语人而不语神。’”《译注》:“‘力’和‘乱’,孔子所不愿见,可能因此不谈‘怪’和‘神’,可能是孔子‘多论阙疑’部分,因此也不谈。”

【译文】

孔子不谈论怪异、暴力、叛乱、鬼神。

7.22 子曰:“三人行,必有我师焉。择其善者而从之,其不善者而改之。”

【注】

三人:泛指多数,有时也实指三人。《集解》:“言我三人行,本无贤德,择善从之,不善改之。”《集注》:“三人同行,其一我也,彼二人者一善一恶,则我从其善而改其恶焉,是二人者皆我师也。”

从:跟随。

焉:于之。

【译文】

孔子说:“三个人同行,必定有我的老师在其中。我选择他的好言行跟他学,他的不良言行,(如果我也有)就改正。”

7.23 子曰:“天生德于予,桓魋其如予何?”

【注】

桓魋(tuí):宋国大司马向黎,字魋,因是宋桓公后代又称桓魋。

《史记·孔子世家》:“孔子去曹适宋,与弟子习礼于大树下。宋司马桓魋杀孔子,拔其树。孔子去。弟子曰:‘可以速矣。’孔子曰:‘天生德于予……’”

其:他。

如……何:同“奈……何”,即“把……怎么样”。

【译文】

孔子说:“天在我身上生了仁德,桓魋能把我怎么样?”

7.24 子曰:“二三子以我为隐乎?吾无隐乎尔。吾无行而不与二三子者,是丘也。”

【注】

二三子:诸位,几个人。这里指孔子弟子。《集解》:“包曰:‘二三子,谓诸弟子。圣人智广道深,弟子学之不能及,以为有所隐匿,故解之。我所为无不与尔共之者,是丘之心。’”

隐:隐蔽;隐藏。《说文解字》:“隐,蔽也。”《玉篇·阜部》:“隐,不见也,匿也。”

乎:于,对于。

尔:你们。

与:《正义》:“与,犹示也,教也。”周按:“示”即教导。《正字通》:“示,教也。”此解文义畅达,但权威字典无此义项。

行(xíng):规律,道理。《易·复卦》:“反复其道,七日来复,天行也。”孔安国疏:“阳气灭绝之后不过七日,阳气复生,以乃天之自然之理,故曰天行也。”

【译文】

孔子说:“诸位同学以为我隐匿了(重要知识)吗?我对你们没隐瞒什么,我没有什么行动没告诉你们,这就是我孔丘的为人。”

7.25 子以四教:文、行、忠、信。

【注】

文:历代文献,指《诗》《书》《礼》《乐》等典籍。

行:德行。《集释》引唐以前古注:“其典籍辞义谓之文,孝、悌、恭、睦谓之行,为人臣则忠,与朋友则信,此四者,教之所先也。故以文发其蒙,行以积其德,忠以立其节,信以全其终。”

【译文】

孔子从四个方面教育学生:文化、德行、忠诚、信实。

7.26 子曰:“圣人吾不得而见之矣;得见君子者,斯可矣。”

子曰:“善人,吾不得而见之矣;得见有恒者,斯可矣。亡而为有,虚而为盈,约而为泰,难乎有恒矣。”

【注】

《注疏》:“圣人为上圣之人,若尧、舜、禹、汤也。君子谓行善无怠之君,言当时非但无圣人,亦无君子也。”

有恒:《正义》:“有恒者有常也。《易·象传》:‘雷风恒,君子以立不易方。’非有恒无以为君子,即无由为善人,故有恒为学者始基也。”

亡(wú):通“无”。

为:通“伪”。

虚而为盈:盈,充满。《说文解字》:“盈,满器也。”

约:穷困。

泰:奢侈。《玉篇·水部》:“泰,侈也。”

【译文】

孔子说："圣人之君，我不能见到了；能见到君子就可以了。"孔子又说："善人，我不能见到了，能见到有恒心的人就可以了。空虚却装作充盈，穷困却装作奢侈，(如此虚伪)要有常德，难啊！"

7.27 子钓而不纲，弋不射宿。

【注】

《集注》："纲，以大绳属网，绝流而渔者也。按：今天农村的小型捕鱼作业中还在使用这种网，胶东叫"栈网"。

弋：系有绳子的短箭。此处指用弋射猎，动词。

宿：栖宿的鸟。《新书·礼》："不射宿，不涸泽。"

《今读》："旧注常以此来讲'取物以节'，不妄杀滥捕，乃理性经验，但这里着重的更是仁爱感情。"

【译文】

孔子钓鱼，但不用绳网捕鱼。孔子射鸟，但不射栖宿的鸟。

7.28 子曰："盖有不知而作之者，我无是也。多闻，择其善者而从之，多见而识之，知之次也。"

【注】

盖：语气词，用于句首。与表示揣测、推断的副词"盖"不同，这里说的是既成事实。

不知：《正义》："不知者，不知其义也。无所闻见，必不能作，唯闻见未广，又不能择善而从之、识之，斯于义违失，即为不知而作矣。"

皇侃《论语义疏》："不知而作，谓妄作穿凿为异端也。时盖多有为此者……人在世间，若有耳多闻，则择善者从之者也；若目多所见，则识录也，‘多见’不云‘择善’者，与上互文，亦‘从’可知也。”按：此“互文”指“多见而识之”，承上省略“择其善者”。

作：创作。

识(zhì)：记住。

次：按顺序叙事，居于前项之后的称“次”。《说文解字》：“次，不前不精也。”徐锴《说文系传》：“不前，是次于上也。不精，是其次也。”

《译注》：“《论语》的‘次’一共用了八次，都是当‘差一等’‘次一等’讲。”《季氏篇》云：“孔子曰：‘生而知之者，上也；学而知之者，次也。’”这里的“知之次也”正是“学而知之者，次也”的意思。

【译文】

孔子说：“有人无知却妄作异说，我没有这样做过。多听，选择其中好的跟着学，多看，选择其中好的记住，这样学知识，仅次于‘生而知之’。”

7.29 互乡难与言，童子见，门人惑。子曰：“与其进也，不与其退也，唯何甚？人洁己以进，与其洁也，不保其往也。”

【注】

互乡：《集解》郑曰：“互乡，乡名也。其乡人言语自专，不达时宜。而有童子来见孔子，门人怪孔子见之。”

门人：《辞海》：“生徒也，犹言弟子。”

与：允许。《集注》：“与，许也。”

惟：语气助词，用于句首。《经传释词》：“惟，发语词也，字或作‘唯’。”

洁：德行、操守清白。洁己，使己洁，使动用法。

保：庇护。

【译文】

互乡的人,(外地人)难以同他们交谈,互乡的一个童子拜见孔子(求教),孔子的弟子们感到疑惑。孔子说:"我赞赏他的进步,不赞赏他退步,这怎么过分?人家使自己德行清白以求进步,就要允许他洁身自好,不庇护他以往的缺点。"

7.30 子曰:"仁远乎哉?我欲仁,斯仁至矣。"

【注】

《集解》:"包曰:'仁道不远,行之则至是也。'"

【译文】

孔子说:"仁德离我们很远吗?我想要达到仁的境界,仁就到了。"

7.31 陈司败问:"昭公知礼乎?"孔子曰:"知礼。"孔子退。揖巫马期而进之曰:"吾闻君子不党,君子亦党乎?君取于吴,为同姓,谓之吴孟子。君而知礼,孰不知礼?"

巫马期以告。子曰:"丘也幸,苟有过,人必知之。"

【注】

司败:"司败"到底是人名还是官名,已不可考。

昭公:鲁昭公,姬姓,名裯,襄公庶子,继襄公为君。

巫马期:孔子弟子,姓巫马,名施,字子期。

君取于吴:"取"后作"娶"。吴,国名,为越王勾践所灭。

为同姓:鲁国是周公之后,姓姬,吴国是太伯之后,也姓姬。

吴孟子:春秋时国君夫人的称号,一般是娘家的国名,加姓,如褒姒、齐姜。吴孟子本应叫"吴姬",但因违背"同姓不婚"的礼法,而改为"吴孟子"。《左传·隐公元年》孔颖达疏:"孟、仲、叔、季,兄弟姊妹长幼之别字也,孟、伯俱长也。"《正字通·子部》:"子,女子亦称'子'。""孟子"即大小姐或"长公主"。

以告:以(之)告。周按:鲁昭公同姓为婚,失礼,但陈司败没明说,只是泛问,孔子回答"知礼",理所当然,问者尚且不明说,孔子自然不必揭国君之短,这是为王者讳,也是应对的常理。当司败明说了昭公失礼,又指责孔子为其护短,孔子虚心认错,却不涉及昭公。

【译文】

陈司败问:"鲁昭公懂礼吗?"孔子说:"懂礼。"孔子退了出去。司败向巫马期作了个揖,走近他说:"我听说君子不偏袒,难道君子也偏袒吗?昭公从吴国娶夫人,是同姓,却称她吴孟子。这位国君如果懂礼,还有谁不懂礼呢?"

巫马期把司败的话告诉孔子。孔子说:"我真幸运,如果有过错,人们必定知道。"

7.32 子与人歌而善,必使反之,而后和之。

【注】

《注疏》:"此章明孔子重于正音也。反,犹重也。孔子共人歌,彼人歌善,合于雅、颂者,乐其善,故使重歌之,审其歌意,然后自和而答之。"

反:重复。

和:和谐地跟着唱或伴奏。周按:孔子教"礼、乐、射、御、书、数"。乐,是重要课程,有教化和娱乐作用,孔子编订乐曲并参与歌咏活动,宋儒不重视音乐,唱歌成了优伶的事。康有为《论语注》对此有所批评:"宋贤执礼甚严……付之于优伶狎客,庄士所不为,遂令中国废歌,失人道养生之宜,悖圣人乐生之道,曰尊孔子而暗从墨氏,致人道大觳，天下不堪，此程、朱之过也。”按：觳(hú)，枯瘠之意。《庄子·天下》：“其道大觳”。

【译文】

孔子同别人一起唱歌，如果有人唱得好，必定使他重唱一遍，然后跟着他唱。

7.33 子曰：“文，莫吾犹人也。躬行君子，则吾未之有得。”

【注】

《集注》：“莫，疑词。犹人言不能过人尚可以及人。未之有得，则全未有得。皆自谦之词，而足以见言行之难易缓急，欲人之勉其实也。”

文莫：《译注》：“以前人都把文莫两字连续，看成一个双音词，但又不能得出恰当的解释。吴检斋先生在《亡莫无虑同词说》中认为：“‘文’是一词，指孔子所谓的‘文章’；‘莫’是一词，‘大约’的意思。关于‘莫’字的说法在先秦古籍中虽然缺乏坚强的论证，但解释本文却比各家来得更为满意，因之为译文所采用。朱熹《集注》亦云‘莫，疑辞’。或为吴说所本。”

周按：吴检斋所本的还有《经义述闻》：“莫，盖‘其’之误。”不过吴检斋没提误写，而是直接用了“其”的“大概”“大约”的字义。此解缺少书证。

躬：亲自、亲身。

未之有得：未有得之，否定句的代词宾语前置。得，得到。

【译文】

孔子说：“书本上的知识，大概我同别人一样，做身体力行的君子，那我还没做到。”

7.34 子曰:“若圣与仁,则吾岂敢?抑为之不厌,诲人不倦,则可谓云尔已矣。”公西华曰:“正唯弟子不能学也。”

【注】

圣与仁:《译注》:“可见当时的学生就已经把孔子看成圣人,而孔子却不以圣者、仁人自居。”俞樾《群经平议》:“圣与仁,犹言智与仁也。”

抑:转折连词,只是,不过。

为之:为学之义。之,代词。

云尔:云,代词。杨树达《词诠》:“云,如此也。”尔,语气词,罢了。王引之《经传释词》卷七:“尔,犹,‘而已’也。”按:与“已”“矣”连用,加强语气。唯:助词,表肯定。杨树达《词诠》:“唯,句中助词,无义。”

【译文】

孔子说:“如果说圣与仁,那我怎么敢当?不过是学习不感厌烦,教诲弟子不知疲倦,如此而已。”公西华说:“这正是学生学不到的。”

7.35 子疾病,子路请祷。子曰:“有诸?”子路曰:“有之。诔曰:‘祷尔于上下神祇。’”子曰:“丘之祷久矣。”

【注】

疾病:《译注》:“疾病连言是重病。”

祷:向神祝告求福。今有“祷告”一词。

诔(lěi):祈祷文,与哀悼死者之诔不同。

祇(qí):地神。《玉篇·神部》:“祇,地之神也。”周按:“祇”“祗(zhī)”不同,应注意区分。“祷尔于上下神祇”是为动句,即为尔向上下神祇祷。《集注》:“上、下谓天地,天曰神,地曰祇。”

【译文】

孔子病重，子路请求祈祷。孔子说："有祷告这回事吗？"子路对答说："有这回事。诔文上说：'为你向天神地祇祷告。'"孔子说："我祷告很久了。"

7.36 子曰："奢则不孙，俭则固。与其不孙也，宁固。"

【注】

孙(xùn)：通"逊"。朱骏声《说文通训定声》："孙，假借为逊。"

固：愚陋，固执。《集注》："孙，顺也。固，陋也。奢俭俱失中，而奢之害大。"

【译文】

孔子说："奢侈就会不恭顺，失礼，俭省就显得鄙陋。与其不恭顺，宁可鄙陋。"

7.37 子曰："君子坦荡荡，小人长戚戚。"

【注】

坦：平坦。

荡荡：宽广的样子。

长：常。

戚：忧愁。

【译文】

孔子说："君子心地平坦宽广，小人经常忧愁。"

7.38 子温而厉，威而不猛，恭而安。

【注】

厉：严格，严厉。《集注》："厉，严肃也。"

猛:严厉。《玉篇·犬部》:“猛,严也。”《正字通·犬部》:“猛,严厉。”

恭:肃敬,恭敬。《说文解字》:“恭,肃也。”段注:“肃者,持事振敬也。”按:振,极,程度副词。

安:安静。

【译文】

孔子温和而又严肃,威严而不严厉,肃敬而又安详。

8. 泰伯

8.1 子曰:“泰伯,其可谓至德也已矣。三以天下让,民无德而称焉。”

【注】

泰伯:《正义》引郑玄注:“泰伯,周太王之长子,次子仲雍,少子季历。太王见季历贤,又生文王,有圣人表(按:仪表)故欲立之,而未有命(按:任命)。太王疾,泰伯因适吴越采药,太王殁而不返,季历为丧主(丧事主持,按礼长子为丧主),一让也;季历赴之(按:向泰伯发讣告。赴,同“讣”),不来奔丧,二让也;免丧之后,遂断发文身,三让也。三让之美,皆隐蔽不著,故人无得而称焉。”

至:极点,到极点。《玉篇·至部》:“至,极也。”

天下:《译注》:“当古公、泰伯之时,周室仅是一个小部落,谈不上‘天下’。这‘天下’两字可能即指当时的部落而言。也有人说,是预指以后的周部落统一了中原的天下而言。”

无得而称焉:泰伯为了顺应父亲的心意把君位让给了小弟季历,他让位并非为了虚名,也没张扬,所以百姓不了解,也没能称道他。

《集释》:“程按:‘德、得古通…… “德” 与 “得” 通用,犹之 “仁” 与 “人” 通,此古书常见之例。’” 周按:此得(德)是动词。

【译文】

孔子说:“泰伯,他可以说是品德最高了。三次把王位继承权让给弟弟,(此事隐秘)人民不知他的美德,没能称赞他。”

8.2 子曰:“恭而无礼则劳,慎而无礼则葸,勇而无礼则乱,直而无礼则绞。君子笃于亲,则民兴于仁;故旧不遗,则民不偷。”

【注】

《译说》引郑玄注:“言此四者虽美,不以礼节之,亦不可行。”即恭、慎、勇、直必须用周礼来节制,也就是必须符合周礼,否则四者都会变成要不得的。

恭而无礼则劳:皇侃以前无人注释,皇侃解“劳”为“劳苦”,以后注家大抵据皇侃注进行委婉曲折的解释,至今未得确解。周按:皇侃是南朝梁代人。《译说》把“劳”解为“谄媚”,牵强附会,无书证。

慎而无礼则葸:《集解》:“葸,畏惧之貌也,言慎不以礼节之,则常畏惧也。”

勇而无礼则乱:《集释》引皇侃疏:“……若勇而无礼则为杀害之乱也。”即犯上作乱。

直而无礼则绞:《集解》引马融注:“绞,绞刺也。”按:此处指说话尖刻、讽刺。

君子:指在上位的人。

笃:笃厚,真诚。

偷:刻薄,不厚道。

【译文】

孔子说:“恭敬如果不用礼节制,就会徒劳无益;谨慎如果不用礼节制,就会胆怯畏惧;勇敢如果不用礼节制,就会犯上作乱;直率如果不用礼节制,就会尖酸刻薄。掌政权的人能对亲人真诚笃厚,民众就会兴起仁厚的风气;掌政权的人不遗弃亲朋故旧,民众就不会刻薄,而会朴实敦厚。”

8.3 曾子有疾,召门弟子曰:“启予足!启予手!《诗》云:‘战战兢兢,如临深渊,如履薄冰。’而今而后,吾知免夫!小子!”

【注】

启予足,启予手:“启”的繁体字是“啓”,清代学者王念孙认为“啓”是“瞀”的假借字。王念孙《广雅疏证》:“《释言篇》云‘瞀,窥也。’古通啓。啓者,视也。《论语·泰伯》:‘曾子有疾,召门弟子曰:啓予手,啓予足。’”按此解“啓”字当作“瞀”的假借字,怡然顺理,“啓”“瞀”古音皆入支部,自可通假。

而今而后,吾知免矣:《集解》注:“乃今日而后,我自知免于患难矣。”按:说就要去世了,将免受痛苦了。

小子:小子即弟子,此句言未尽。

此章及以下四章都是曾子语录,是曾子的弟子整理孔子语录时把曾子的话也记下了。

【译文】

曾子病重,召集学生们说:“看看我的脚!看看我的手!《诗经》说:‘战战兢兢,好像面临深渊,好像行走在薄冰上。’从今以后,我知道可以免于毁伤了!学生们!”

周按:曾子把“不毁伤”作为大事,这与“杀身成仁”“舍生取义”相左,历代多有异议。康有为《论语注》:“《论语》即辑自曾门,而曾子之学专主守约。观其临没郑重言君子之道,仅在颜色、容貌、辞气之粗;乃启手足之时,亦不过战兢于守身免毁之戒。所辑曾子之言凡十八章,皆约身笃谨之言,与戴记曾子十篇相符合。宋叶水心以曾子未尝闻孔子之大道,殆非过也。”

8.4 曾子有疾,孟敬子问之。曾子言曰:“鸟之将死,其鸣也哀;人之将死,其言也善。君子所贵乎道者三:动容貌,斯远暴慢矣;正颜色,斯近信矣;出辞气,斯远鄙倍矣。笾豆之事,则有司存。”

【注】

孟敬子:鲁国大夫仲孙捷。

问:探问,问候,慰问。

暴慢:粗暴无礼,怠慢不敬。

鄙倍:粗野鄙陋。

笾(biān)豆之事:笾,竹器,高脚,圆口,像碗,祭祀时用以盛干鲜果品。豆,像笾,木制,有盖,用以盛有汁食品。笾豆之事指祭祀典礼的仪式。

有司:此指主管祭祀的小吏。

《集注》:"言,自言也。鸟畏死,故鸣哀。人穷反本,故言善。此曾子之谦词,欲敬子知其所言之善而识之也。"

贵乎道:贵,崇尚,重视。道,《集解》:"郑曰:'此道谓礼也。'"指礼仪。

动容貌:即动容貌以礼。动,活动,此处指感情活动,如谦和、恭敬等。

出辞气:出辞气以礼,辞气,指说话的用词和语气。

【译文】

曾子病重,孟敬子(去)慰问他,曾子议论说:"鸟将要死的时候,他的叫声是悲哀的;人将要死的时候,他的话是善良的。君子所重视的道德有三条:使自己的仪容庄重严肃,就可避开粗暴和傲慢;端正自己的脸色神情,就近于诚信了;说话多考虑自己的言辞和语气,就可以避免粗野和过失。至于祭祀等礼仪方面的事,就有主管官吏负责。"

8.5 曾子曰:"以能问于不能,以多问于寡;有若无,实若虚,犯而不校昔者吾友尝从事于斯矣。"

【注】

以:有。

能、不能:这里是定语代替中心词,省去“之人”。

有:承上省“能”字。

有若无:有才能像没有一样。

实若虚:满腹知识却像空无所有一样。按:有、无、多、寡都指知识而言。

校:计较。犯而不校,受人侵犯,也不计较。

友:《集解》:“马曰:‘友谓颜渊也。’”按:曾子说此话时,颜渊已死,所以说“昔者”。《注疏》:“此章称颜回之德行也。”

【译文】

曾子说:“自己有才能却向无才能的请教,自己知识多却向知识少的请教;有才能却像无才能,知识充实却像空虚,受到侵犯也不计较——以前我的一位朋友就是这样做的。”

8.6 曾子曰:“可以托六尺之孤,可以寄百里之命,临大节而不可夺也。君子人与? 君子人也。”

【注】

六尺之孤:古代尺短,春秋战国时6尺约合今139厘米。身长六尺的人还是小孩,一般指15岁以下的人。

百里:指一个诸侯国。

大节:关系存亡安危的大事。

夺:动摇,改变。

《集解》:“孔曰:‘六尺之孤,幼少之君也。寄命,摄君之政令也。’何曰:‘大节者,安国家定社稷也。不可夺者,不可倾夺之也。’”

【译文】

曾子说："可以把幼小的君主托付给他，可以把国家的命运寄托给他，面临国家生死存亡的关头能不动摇。这种人是君子一类的人吗？这种人是真君子。"

8.7 曾子曰："士不可以不弘毅，任重而道远。仁以为己任，不亦重乎？死而后已，不亦远乎？"

【注】

《集解》："包曰：'弘，大也。毅，强而能决断也。士弘毅，然后能负重任致远路也。'孔曰：'以仁为己任，重莫重焉，死而后已，远莫远焉。'"

【译文】

曾子说："读书人不可以不刚毅，因为他们责任重大，道路遥远。以实现仁德作为自己的责任，这个任务不是很重吗？到死才停止，这路途难道不远吗？"

8.8 子曰："兴于《诗》，立于礼，成于乐。"

【注】

兴于诗：《集解》："包曰：'兴，起也，言修身当先学《诗》也。'"

立于礼：《集解》："礼者，所以立身也。"

成于乐：《集注》："乐有五声十二律，更迭唱和，以为歌舞。八音之节可以养人之性情，而荡涤其邪秽，消融其渣滓，故学者之终，所以至于义精仁熟而自和顺于道德者，必于此而得之，是学之成也。"

【译文】

孔子说："振奋精神在于《诗》，在社会上站得住要靠礼，要成就仁德的品性靠音乐陶冶。"

8.9 子曰:“民可使由之,不可使知之。”

【注】

由:《后汉书·方术传注》引郑玄注:“由,从也。言王者设教,务使人从之。若皆知其本末,则愚者或轻而不行。”

《集解》:“由,用也。可使用而不可使知者,百姓能日用而不能知。”周按:两说皆通,但郑注更好。

【译文】

孔子说:“对于民众可使他们遵照官府的指示去做,不可使他们知道为什么要这样做。”

8.10 子曰:“好勇疾贫,乱也。人而不仁,疾之已甚,乱也。”

【注】

疾:憎恨。

已甚:太过分。《集注》:“好勇而不安分,则必作乱。恶不仁之人而使之无所容,则必致乱。二者之心善恶虽殊,然其生乱则一也。”

【译文】

孔子说:“喜好勇敢而又憎恶贫穷,会犯上作乱。对不仁的人,恨得太过分,也会激出祸乱。”

8.11 子曰:“如有周公之才之美,使骄且吝,其余不足观也已。”

【注】

周公:周文王的儿子,武王的弟弟,成王的叔叔,是孔子心目中的圣人。《集注》:“才美谓智能技艺之美。骄,矜夸。吝,鄙啬也。程子曰:‘此甚言骄吝之不可也。盖有周公之德,则自无骄吝。但若有周公之才而骄吝焉,亦不足观矣。’”

【译文】

孔子说:“如果有周公那样完美的才能,假使骄傲而且吝啬,那么其他方面也就不值得一看了。”

8.12 子曰:“三年学,不至于谷,不易得也。”

【注】

谷:《集注》:“谷,禄也。‘至’疑当作‘志’。为学之久而不求禄,如此之人不易得也。”

【译文】

孔子说:“读书三年,不想到做官求禄,这种人是很难得的。”

8.13 子曰:“笃信好学,守死善道。危邦不入,乱邦不居。天下有道则见,无道则隐。邦有道,贫且贱焉,耻也;邦无道,富且贵焉,耻也。”

【注】

笃信:坚定地相信。信,信仰。此处指对“仁”之信仰。

守死善道:《集释》引皇侃疏:“此章教人立身法也,宁为善而死,不为恶而生,故云‘守死善道’。”周按:“死善道”是为动用法,即为善道死。

见(xiàn):同“现”。

【译文】

孔子说:“坚定信仰,爱好学习,誓死守护先王之道。不到危亡的国家去,不在混乱的国家居住。天下有道就出来做官,天下无道就隐居。国家有道,自己贫贱是耻辱;国家无道,自己富贵,是耻辱。”

8.14 子曰:“不在其位,不谋其政。”

【注】

《集解》:"孔曰:'欲各专一于其职也。'"

【译文】

孔子说:"不在那个职位上,便不谋划那个职位的政事。"

8.15 子曰:"师挚之始,《关雎》之乱,洋洋乎盈耳哉!"

【注】

师挚之始:《译注》:"'始'是乐曲的开端,古代奏乐,开始叫做'升歌',一般由太师演奏。师挚是鲁国的太师,名挚,通常开场由他演奏,所以说'师挚之始'。"

《关雎》之乱:"乱"是乐曲结束,由"始"到"乱",叫做一成。"乱"是"合乐",犹如今日之合唱。当合奏之时,奏《关雎》的乐章,所以叫做"《关雎》之乱"。

洋洋:美盛之意。

【译文】

孔子说:"当太师挚开始演奏的时候,当结尾演奏《关雎》之曲的时候,美妙动听的音乐充满了耳朵。"

8.16 子曰:"狂而不直,侗而不愿,悾悾而不信,吾不知之矣。"

【注】

狂:狂妄。

直:直爽。

侗(tóng):无知。

愿:谨慎。《集注》:"侗,无知貌。愿,谨厚也。

悾悾:《集注》:"无能貌。吾不知之者,甚绝之辞,亦不屑之教诲也。"

【译文】

孔子说："狂妄而不直爽，无知而不谨慎，无能而不讲信用，我不知道他们为什么会这样。"

8.17 子曰："学如不及，犹恐失之。"

【注】

及：追上。《说文解字》："及，逮也。从'又'，从'人'。"

犹恐失之："犹"字前省"及"字。

【译文】

孔子说："学习像（追逐猎物，总怕）追不上，学到的知识又怕会丢失。"

8.18 子曰："巍巍乎，舜禹之有天下也而不与焉！"

【注】

禹：夏朝开国之君，因治水有功，舜让位给他。

不与(yù)：不相关，意思是说舜禹并不以有天下为乐，他们长年为天下百姓操劳。《集注》："巍巍高大之貌。不与，犹言不相关，言其不以位为乐也。"

【译文】

孔子说："真是崇高伟大啊！舜和禹拥有天下，并不以有天下为乐，而是长年为百姓操劳。"

8.19 子曰："大哉！尧之为君也。巍巍乎！唯天为大，唯尧则之。荡荡乎，民无能名焉。巍巍乎！其有成功也，焕乎！其有文章！"

【注】

大哉尧之为君：即"尧之为君大哉"。"之"，取消"尧为君"的独立性,作主语。《集解》:"孔曰:'则,法也。美尧法天而行化也。'包曰:'荡荡,广远之称也。言其布德广远,民无能识其名焉。'"《集注》:"唯,犹独也。则,犹准也。荡荡,广远之称也。言物之高大莫有过于天者,而独尧之德能与之准,故其德之广远亦如天之不可以言语形容也。"

【译文】

孔子说:"尧作为君主,伟大啊!崇高啊!只有天是最大了,只有尧能效法天。尧的恩德广大啊!民众不知怎样来赞美他。他的功绩太高了,他的礼仪制度多么光辉啊!"

8.20 舜有臣五人而天下治。武王曰:"予有乱臣十人。"孔子曰:"才难,不其然乎?唐虞之际,于斯为盛。有妇人焉,九人而已,三分天下有其二,以服事殷。周之德,其可谓至德也已矣。"

【注】

治:社会安定、太平。《集注》:"五人,禹、稷、契、皋陶、伯益。"

乱:治理。《尔雅·释诂下》:"乱,治也。"《玉篇·乙部》:"乱,理也。"《尚书·泰誓》:"予有乱臣十人,同心同德。"孔传:"我治理之臣虽少而心德同。"《说文解字》:"乱,治也。从乙,乙,治之也。"杨树达《积微居小学述林》:"余谓字当从爪从又,爪,又皆谓乎也,亂,从爪从又者,人以一手持丝,又一手持互以收之,丝易乱,以互收之,则有条不紊,故字训治训理也。如此则形义密合无间,许君之误说显然矣。"

《集注》:"十人谓周公旦、召公奭、太公望、毕公、荣公、太颠、闳夭、散宜生、南宫适,其一人谓文母。刘侍读以为子无臣母之义,盖邑姜也。九人治外,邑姜治内。"

唐虞之际:《注疏》:"唐者,尧号,虞者,舜号。际者尧舜交会之间。斯,此也。'于斯'于周也。言尧舜交会之间,比于周,周最盛,多贤才，然尚有一妇人，其余九人而已，人才难道，岂不然乎！”

三分天下有其二:《注疏》:“殷纣淫乱，文王为西伯而有圣德，天下归周者三分有二，而犹以服事殷，故谓之至德。”

【译文】

舜有大臣五人，因而天下太平。周武王说:“我有治国大臣十人。”孔子说:“人才难得，难道不是这样吗？唐尧、虞舜时期与周武王时人才最为兴盛。(然而十位大臣中)有一位妇女，不过九人而已。周文王已占有三分之二的天下，(仍然)能服从事奉商纣王，周人的德行可以说是最好的了。”

8.21 子曰:“禹，吾无间然矣。菲饮食而致孝乎鬼神，恶衣服而致美乎黻冕，卑宫室而尽力乎沟洫。禹无间然矣。”

【注】

间(jiàn):《字典》:“非议。”

菲:微薄。

致:竭尽，穷尽。

黻(fú):祭祀时穿的礼服。

冕(miǎn):古代天子诸侯、大夫祭祀时所戴的礼帽，后来只有帝王戴的帽子才叫冕。

致美乎黻冕:把祭服和礼帽做得极华美。

卑:低矮。卑宫室，使宫室卑，使动用法。

沟洫(xù):田间的水道，指农田水利工程。

【译文】

孔子说:“禹啊，我对他没有什么可非议的了。他自己吃得很简单，而祭品却办得极丰盛；穿得很简朴，祭服却做得极华美；居住的宫室低矮，却尽力兴修水利。禹啊，我对他没有什么可非议的了。”

9. 子罕

9.1 子罕言利,与命与仁。

【注】

罕:少。《集注》:“罕,少也。程子曰:‘计利则害义,命之理微,仁之道大,皆夫子所罕言也。’” 按:理微,道理精微、精深。

【译文】

孔子很少讲利益,却赞同天命和仁德。

9.2 达巷党人曰:“大哉,孔子!博学而无所成名。”子闻之,谓门弟子曰:“吾何执?执御乎?执射乎?吾执御矣。”

【注】

《集解》:“郑曰:‘达巷者,党名也。五百家为党。此党人之美孔子博学道艺,不成一名也。’”《集注》:“达巷,党名,其人姓名不传。博学无所成名,盖美其学之博,而惜其不成一艺之名也。”

党:古代地方户籍编制单位,五百家为一党。

执:从事(某种工作),如执政,执教,执勤。

御,在六艺——礼、乐、射、御、书、数——中是比较好掌握的技艺,孔子想执“御”成名,大概是自谦之词。

《正义》:“焦氏循补疏:‘博学无所成名,唯圣人能然,若常人虽亦博学,而总有所专主,故执一艺以成名,乃中人为学之正法。’”按:《论语别裁》与之观点相同:“博学而无所成名”,就是说孔子样样懂,不止是哪一种学问的专家。

【译文】

达巷地方的人说:"伟大啊,孔子!学问广博却没有成名的专长。"孔子听到这句话,告诉学生们说:"我从事什么工作,赶车呢(还是)射箭呢?我赶车好了。"

9.3 子曰:"麻冕,礼也;今也纯,俭。吾从众。拜下,礼也;今拜乎上,泰也。虽违众,吾从下。"

【注】

麻冕:麻布制的礼帽。

纯:蚕丝。《说文解字》:"纯,丝也。"《论语注疏》:"纯,丝也。丝易成,故从俭。"《集注》:"麻冕,淄布冠也。纯,丝也。俭谓省约。淄布冠,以三十升布为之,升,八十缕,则其经二千四百缕矣。细密难成,不如用丝之省约。"按:升,古代区别布的粗细所用的计算单位,其作用类似今天计算纱线的"支"。

拜:古代表示尊敬的一种礼节,行礼时两足跪地,低头与腰平,两手至地。《论语集释》引《四书释地》:"……至拜下之拜,乃再拜稽首也。古者,臣与君行礼,再拜稽首于堂下,君辞之,然后升堂,复再拜稽首,故曰升成拜。"按:孔子时,臣子拜君已直接在堂上进行了,省去了先在堂下拜的古礼。

泰:骄纵,傲慢。《玉篇·水部》:"泰,骄也。"《论语注疏》:"时臣骄泰,故于上拜。"

【译文】

孔子说:"麻布礼帽,是符合礼制的;今天用丝料,(比麻布)俭省。我随从众人的做法。从前,臣见君,先在堂下跪拜,然后登堂跪拜,这符合礼制;现在,只在堂上跪拜,太傲慢。虽然与众人不一样,我还是先在堂下跪拜。"

9.4 子绝四——毋意,毋必,毋固,毋我。

【注】

绝:断绝。《说文·系部》:“绝,断丝也。”

毋:同“无”,没有。

意:猜测,料想。

必:坚持己见,固执。《论语注疏》:“用之则行,舍之则藏,故无专必。”

固:愚陋,固执。《注疏》:“常人之情……好坚固其行。”

我:存有私见,或固执己见。

《集注》:“绝,无之尽者。毋,《史记》作‘无’,是也。意,私意也。必,期必也。我,私己也。四者相为终始,起于意,遂于必,留于固,而成于我也。”

【译文】

孔子杜绝四种缺点——不猜测,不坚持己见,不固执,没有自私之心。

周按:《汉语大字典》解释“必”“固”“我”都以“毋必,毋固,毋我”为例,都有“固执”义,几乎是同义词。这是《论语》的本意吗?

9.5 子畏于匡,曰:“文王既没,文不在兹乎?天之将丧斯文也,后死者不得与于斯文也;天之未丧斯文也,匡人其如予何?”

【注】

子畏于匡:据《史记·孔子世家》,孔子周游列国的第二年,离卫赴陈,路过匡城,匡人误以为孔子是曾侵害匡城的阳虎,把孔子及其弟子扣押了五天。

畏:《广雅·释诂》:“难也。”“子畏于匡”即孔子在匡地遭难。

文不在兹乎:文:文化;兹,此。《集注》:“道之显者谓之文,盖礼乐制度之谓,不曰‘道’而曰‘文’,亦谦辞也。”

与:参与。

【译文】

孔子在匡邑遭难,说:“周文王去世以后,文化礼乐不就在我这里了吗?上天如果要丧失这种文化,我就不能参与(传承)这种文化了;上天如果不想丧失这种文化,匡人能把我怎么样呢?”

9.6 大宰问于子贡曰:“夫子圣者与?何其多能也?”子贡曰:“固天纵之将圣,又多能也。”子闻之曰:“大宰知我乎?吾少也贱,故多能鄙事。君子多乎哉?不多也!”

【注】

大宰:《集释》:“《释文》引郑注:‘太宰,是吴太宰嚭也。’皇疏:‘此应是吴臣,何以知之?鲁哀公七年,公会吴于鄫,吴人征百牢,使子贡辞太宰嚭。十二年公会吴师于橐皋。吴子使太宰嚭请于寻盟,公不欲,使子贡对。将恐此时太宰嚭问自贡也。’”

纵:赋予。

固:副词。必然,一定。

将:相当于“为”,裴学海《古书虚字集释》卷八:“将,犹为也。”

又:而且。

能:善于,长于。《玉篇·能部》:“能,工也,善也。”

鄙:《广雅·释诂》:“鄙小也。”

【译文】

太宰向子贡问道:“孔夫子是圣人吧?怎么这么多技能呢?”子贡说:“必定是上天让他成为圣人,并且使他多才多能。”

孔子听了这话说:“太宰了解我吗?我小时候贫贱,所以长于多种鄙俗的技艺。君子需要这么多技艺吗?不需要这么多。”

9.7 牢曰:"子云:'吾不试,故艺。'"

【注】

牢:《集注》:"牢,孔子弟子,姓琴字子开,一字子张。试,用也。言由不为世用,故得以习于艺而通之。吴氏曰:'弟子记夫子此言之时,子牢因言昔之所闻有如此者,其意相近,故并记之。'"按:《史记·仲尼弟子列传》中没有牢这个人。

试:使用。《说文解字》:"试,用也。"

【译文】

子牢说:"孔子说:'我不被官府任用,所以才学到许多技艺。'"

9.8 子曰:"吾有知乎哉?无知也。有鄙夫问于我,空空如也。我叩其两端而竭焉。"

【注】

鄙:小,狭。

如:助词,用于句末,相当于"然"。

扣:探问,询问。

竭:穷尽。

端:事物的一头或一方面。《集注》:"两端,犹言两头,言始终、本末、上、下,精粗无所不尽。"

太宰知我乎?吾少也贱:"吾""我"并用,语法功能不同。《古代汉语》:"在魏晋以前,'吾'字很少放在动词和介词后面作宾语用。"《先秦语法》:"《论语》中'我'多为宾语,而以'我'为主的,确多自谦之词。这与以'吾'为主语的句子较少有自谦意味,形成鲜明对比。"张自烈《正字通》云:"吾,我,一也。古互用之。但'我''吾'在语法功能上有不同点:'我'常用作宾语,而'吾'常作主语。宋赵惠《四书笺义》云:'吾''我'二字,就已而言则曰'吾',

因人而言则曰‘我’,如‘太宰知我乎’‘吾少也贱’。所谓‘就己而言’便是指施事者,‘因人而言’便是指受事者。”

【译文】

孔子说:“我有知识吗?没有知识啊。有个乡下人问我,我头脑空空,(一无所知)。我叩问他这个问题的正反、始末两个方面(才弄明白了),然后,尽我所知告诉他。”

9.9 子曰:“凤鸟不至,河不出图,吾已矣夫!”

【注】

《注疏》:“孔曰:‘圣人受命,则凤鸟至,河出图。今,天无此瑞。吾已矣夫者,伤不得见也。河图,八卦是也。’”

《译注》:“这是孔子自己觉得‘吾道不行’的悲伤消极的话。古代传说,凤凰是一种神鸟,祥瑞的象征,出现就是表示天下太平。又说,圣人受命黄河就会出现图画。孔子不过借此比喻当时天下无清明之望罢了。”

【译文】

孔子说:“凤凰不到来,黄河不浮出八卦图,我这一生恐怕是完了吧!”

9.10 子见齐衰者、冕衣裳者与瞽者,见之,虽少,必作;过之,必趋。

【注】

齐(zī)衰(cuī):《汉语大词典》:齐是将丧服下部的边折转缝起来。丧服名,为五服之一,用粗麻布制成,以其缉边缝齐,故称“齐衰”。服期有三年的,为父母;有一年的,为“齐衰期”,如孙为祖父母,夫为妻;有五月的,如为曾祖父母;有三月的,如为高祖父母。《仪礼·丧服》:"同居,则服'齐衰期',异居,则齐衰三月。"

孔子提到"齐衰",自然也包括"斩衰"。斩衰是五种丧服中最重的一种,用粗麻布制成,左右和下边不缝。按:丧服是毛边,直至今天毛边丧服在农村还能看到。

冕:古代帝王诸侯及卿大夫所戴的礼帽。

衣:上装。《说文解字》:"衣,依也。上曰衣,下曰裳。"按:这里与"冕"连用是指礼服。

作:起,起立。《注疏》:"包曰:'作,起也'。"邢昺疏:"作,起也,趋,疾走也,言夫子见此三种之人虽少,坐则必起,行则必趋。"

【译文】

孔子看见穿丧服的人、戴礼帽穿礼服的人和盲人,会见他们时,即使是少年,也一定从座位上站起来,从这些人面前经过,一定恭敬地小步快走。

9.11 颜渊喟然叹曰:"仰之弥高,钻之弥坚,瞻之在前,忽焉在后。夫子循循然善诱人,博我以文,约我以礼,欲罢不能。即竭吾才,如有所立,卓尔。虽欲从之,末由也已。"

【注】

喟:叹息,叹声。《说文解字》:"喟,太息也。"

仰:抬头,脸向上。

弥:副词,表示程度加深。《注疏》:"弥,盖也"

钻:钻研,穷究义理。邢疏:"钻研求之则益坚。"

坚:结实,牢固。《尔雅·释诂》:"坚,固也。"

瞻:向上或向前看。

焉:助词,表示状态,用于形容副词之后,相当于"然""样子"。清朱骏声《说文通训定声》乾部:"焉,助语之辞。与用'然'字亦同。"

循循:有次序的样子。

文:书籍。

约:约束、节制。《注疏》:“以礼节、约我。”

卓:高明,高超。

【译文】

颜渊喟然感叹说:“(老师的学问)仰头看,越看越觉得高,越钻研越觉得艰深,向前看,它在前面,忽然又在后面了。老师善于先后有序地诱导学生,以书籍来使我们知识广博,以礼节来约束我们,(使我们)想停止学习都不可能,我已经竭尽我的才力,(老师在学问上)如有所创立,就很高超,虽想要追随,却没有机缘。”

9.12 子疾病,子路使门人为臣。病间,曰:“久矣哉,由之行诈也。无臣而为有臣。吾谁欺?欺天乎?且予与其死于臣之手也,无宁死于二三子之手乎?且予纵不得大葬,予死于道路乎?”

【注】

疾:古称轻病,又泛指病。《说文解字》:“疾,病也。”段玉裁注:“析言之则病为疾加,浑言之则疾亦病也。”

病:垂病。《注疏》:“包曰:‘疾甚曰病’。”

臣:此处指家臣。《正义》:“夫子仕鲁为司寇,是大夫也,及去鲁以微罪行,宜降用仕礼,今子路尊荣夫子,欲用大夫丧葬之礼,故使门人为臣助治之。”

间(jiàn):病愈。《方言》:“差、间,愈也。南楚病愈者谓之差,或谓之间。”

诈:欺骗。吾谁欺即“吾欺谁。”疑问代词作宾语,宾语要前置。“与其……,毋宁…… :与其……,不如……。

【译文】

孔子病重，子路叫孔子的弟子装作家臣（以便按大夫之礼为孔子治丧）。（孔子）病愈后，说："很久以来，仲由就施行欺诈。没有家臣却装作有家臣，我欺骗谁？欺骗上天吗？我与其让家臣办理后事，还不如让学生办理。况且，即使不以大夫之理安葬，我能死在道路上吗？"

9.13 子贡曰："有美玉于斯，韫椟而藏诸？求善贾而沽诸？"子曰："沽之哉，沽之哉！我待贾者也。"

【注】

韫：包藏。《广雅·释诂四》："韫，裹也。"《集韵·隐韵》："韫，藏也。"《集解》："马曰：'韫，藏也。'"《正义》："郑注云：'韫，裹也。'即本与裹、藏同义。"按：裹，本意为缠绕、包扎，与"藏"不同义。

椟(dú)：匣子。

贾(gǔ)：商人。

沽：通"酤"。《集解》："沽，卖也。"《注疏》："……君子于玉比德，自贡之意，言夫子有美德而怀藏之，若人虚心尽礼求之，夫子肯与之乎？孔子答言：有人虚心尽礼以求我道，我即与之而不吝也。"

【译文】

子贡说："有块美玉在此，是包裹好放在匣子里藏起来？还是找个识货的商人卖掉呢？"孔子说："卖掉吧，卖掉吧！我在等待识货的商人。"

9.14 子欲居九夷。或曰："陋，如之何？"子曰："君子居之，何陋之有？"

【注】

九夷：《注疏》："马曰：'东方之夷有九种。'邢疏：'……此章论孔子疾中国无明君也……'《后汉书·东夷传》云:'夷有九种,曰畎夷、千夷、方夷、黄夷、白夷、赤夷、玄夷、风夷、阳夷。'又,一曰玄菟,二曰乐浪,三曰高丽,四曰满饰,五曰凫臾,六曰索家,七曰东屠,八曰倭人,九曰天鄙。"

陋:偏僻,边远。《正义》:"陋者,言其地僻陋。"何陋之有,即有何陋。之表示宾语前置。

【译文】

孔子想到夷人地区居住。有人说:"那里僻陋怎么办?"孔子说:"君子住在那里有什么僻陋的?"

9.15 子曰:"吾自卫反鲁,然后乐正,《雅》《颂》各得其所。"

【注】

《集释》:"皇疏:'孔子去鲁后,而鲁礼乐崩坏,孔子以鲁哀公十一年从卫还鲁,而删《诗》《书》,定《礼》《乐》,故乐音得正。乐音得正,所以《雅》《颂》之诗各得其本所也。《雅》《颂》是诗意之美者,美者既正,则余者正亦可知也。'"按:《左传·哀公十一年》载,孔子在卫国只是个偶尔供孔文子咨询的客卿,所以"鲁人以币召之,乃归"。回到鲁国也是供咨询之职,季孙氏也没用他,因而有精力订正《诗》《书》礼乐。

《译注》:"……孔子的正《雅》《颂》,究竟是正其篇章呢?还是正其乐曲呢?或者两者都正呢?《史记·孔子世家》《汉书·礼乐志》则以为主要是正其篇章。"

正:合规范,合标准。

《集释》:"《汉书·礼乐志》云:周衰,王官失业,《雅》《颂》相错,孔子论而定之,故曰:'……《雅》《颂》各得其所。'"

【译文】

孔子说:“我自卫国返回鲁国,然后,乐曲被规范了,《雅》《颂》(相错乱的篇章)各得其所。”

9.16 子曰:“出则事公卿,入则事父兄,丧事不敢不勉,不为酒困,何有于我哉。”

【注】

公:春秋时代诸侯的通称。《尔雅·释诂上》:“公,君也。”顾炎武《日知录》卷二十:“平王以后,诸侯通称为公。”

卿:古代天子及诸侯所属高级官员的称呼。《礼记·王制》:“诸侯之上大夫卿,下大夫,上士,中士,下士,凡五等。”郑玄注:“上大夫曰卿。”

勉:努力,尽力。皇侃疏:“勉,强也。”

于我何有:于我有何。于,对。何,疑问代词宾语前置。“何”后省“难”字。

【译文】

孔子说:“外出做官侍奉国君、上大夫,回家侍奉父兄,办丧事不敢不尽力,不被酒困扰而无法摆脱,(这对我)有什么困难呢?”

9.17 子在川上曰:“逝者如斯夫,不舍昼夜。”

【注】

逝:往,过去。《注疏》:“包曰:‘逝,往也,言凡往也者,如川之流。’”

上:侧畔。

斯:代词,这,这样。《尔雅·释诂》:“斯,此也。”

夫:语气词,用于句尾表感叹。

舍:止息。

【译文】

孔子在河边说:“流逝的时光就像这(流水)一样,昼夜不停息。”

9.18 子曰:“吾未见好德如好色者也。”

【注】

《集释·考证》:“《史记·孔子世家》载:孔子居卫,灵公与夫人同车,招摇市过之,使孔子为次乘。孔子丑之,故发此叹。”

德:《集释》按:“好德即好贤之义,非泛言道德也。”《汉语大字典》:“指有道德的贤明之人。”《尚书·蔡仲之命》:“皇天无亲,唯德是辅。”孔安国传:“惟有道者则佑之。”

【译文】

孔子说:“我没见过喜好贤才象喜爱女色的人。”

9.19 子曰:“譬如为山,未成一篑,止,吾止也;譬如平地,虽覆一篑,进,吾进也。”

【注】

篑(kuì):《汉语大字典》:“盛土的竹器。”《玉篇·竹部》:“篑,土笼也。”

平地:使地平。平,动词。《集注》:“《书》曰:‘为山九仞,功亏一篑。’夫子之言盖出于此,言山成而少一篑,其止者,吾自止耳。平地而方覆一篑,其进者,吾自往耳,盖学者自强不息;则积少成多;中道而止则前功尽弃。”

【译文】

孔子说:“比如堆土成山,差一筐没完成,(却)停止了,这是我自愿停止的。比如平整土地,即使(只)倒下一筐土,(却继续)进行,这是我自愿进行的。”

9.20 子曰:“语之而不惰者,其回也与?”

【注】

语:议论,谈论。“语之”即于之语,对他说。于,对。

其:也许,大概。副词,表揣度。

也:在句中表停顿,以舒缓语气。《集解》:“颜渊解,故语之而不惰。余人不解,故有惰语之时。”按:解,理解。

【译文】

孔子说:“同他谈论问题却能(始终)不懈怠的,大概只有颜回吧。”

9.21 子谓颜渊,曰:“惜乎!吾见其进也,吾未见其止也!”

【注】

《集注》:“颜子既死而孔子惜之,言其方进而未已也。”

谓:评论。见《八佾》注。

【译文】

孔子评论颜渊说:“可惜呀!我只见他前进,没见他止步。”

9.22 子曰:“苗而不秀者有矣夫!秀而不实者有矣夫!”

【注】

秀:谷物抽穗开花。《集注》:“谷之始曰苗,吐华曰秀,成谷曰实。”《注疏》:“此章亦以颜回早卒,孔子痛惜之作譬也,言万物有生而不育成者,喻人亦然也。”

《今读》:“用苗之秀,实即生命的成长来喻人生、学问,甚好。中国画论、文论、诗画亦常用骨、肉、血、气等身体词汇来描绘论理,盖均与生命有关。中国重生命,重感情,这个生气盎然的‘一个世界’观,几乎无处不在。”

【译文】

孔子说:“庄稼出了苗却不抽穗开花的有啊!抽穗开花却不结果实的(也)有啊!”

9.23 子曰:“后生可畏,焉知来者之不如今也?四十、五十而无闻焉,斯亦不足畏也已。”

【注】

后生:《注疏》:“此章劝学也……后生谓年少也,言年少人足以积学成德,诚可畏也,安知将来者的道德不如我今日也。”

可:堪,值得。《说文通训定声》:“可、肯、堪,一声之转。”

畏:敬,敬服。《广雅·释诂》:“畏,敬也。”

闻:闻名,著称。皇侃疏:“后生虽可畏,若年四十、五十而无声誉闻达于世者,则此人亦不足畏也。”

而:副词,相当于“犹”“还”。吴昌莹《经词衍释》卷七:“而,犹犹也。”

斯:副词,表示承接上文得出结论,相当于“则”“就”。

【译文】

孔子说:“年轻人值得敬畏,怎知年轻人的才德将来不如今天的人呢?四十岁、五十岁还是默默无闻,就也不值得敬畏了啊。”

9.24 子曰:“法语之言,能无从乎?改之为贵。巽与之言,能无说乎?绎之为贵。说而不绎,从而不改,吾末如之何也已矣。”

【注】

法语:《词典》:“合乎礼法的言语。”邢昺疏:“以礼法之言告语之。”《辞海》中“法语的释义与此同”。南怀瑾《论语别裁》上册:“‘法语’就是我们现在说的格言。古人的名言,古时也称‘法言’。”

按:《词典》收了“法言”与“法语”同义。“法语”作名词,“法语之言”可解为“以法语言之”。之,代词,前置宾语;言,动词,也可看作名词短语,“言”,名词。

巽:同“逊”,谦恭,谦让。《集解》:“马曰:‘巽,恭也,谓恭逊,谨敬之言。’”

与:称赞,赞扬。但把“巽与”作为一个词,文意更顺。《汉语大词典》:巽与:顺从、附和。”巽与之言,可减缩为“巽言”,即“恭顺、委婉的言词”。

绎(yì):《汉语大字典》:“引出头绪,寻求,分析。”

如……何:对……怎么办。

【译文】

孔子说:“合乎礼法的话,就不能听从吗?改正错误才是可贵的。顺从附和的话,(听了)能不高兴吗?探究分析这些话的用意才是可贵的。(只)听从却不改错误,(这种人)我不知道对他怎么办。”

9.25 子曰:“主忠信。毋友不如己者。过则勿惮改。”

【注】

此章与《学而》第八节中的一句重复。

【译文】

孔子说:“以忠诚守信为主,不同不如自己的人交友,有过错就不怕改正。”

9.26 子曰:“三军可夺帅也,匹夫不可夺志也。”

【注】

三军:《译注》:“周朝的制度,诸侯中的大国,可拥有三军,因此便用‘三军’做军队的通称。”按:古制 12 500 人为一军,三军包括大国所有的军队。

匹夫：古代指平民中的男子。亦泛指平民百姓。

《注疏》："孔曰：'三军虽众，人心不一，则其将帅可夺取之，匹夫虽微，苟守其志，不可得而夺也。'"

夺：改变，更换。《玉篇》："夺，易也。"

【译文】

孔子说："三军的主帅能强力夺取，一个平民的心志不能强制改变。"

9.27 子曰："衣敝蕴袍，与衣狐貉者立，而不耻者，其由也与？'不忮不求，何用不臧？'" 子路终身诵之。子曰："是道也，何足以臧？"

【注】

衣：穿戴。作动词。

敝：破旧。

缊(yùn)：乱麻，旧絮。

著(zhuó)：用絮填充。

絮：粗丝绵。

袍：有夹层，中著棉絮的长衣。

不忮不求，何不用臧：这是《诗经·邶风·雄雉》末章的两句诗。忮(zhì)，嫉妒；求，贪求；臧：善，好。

足：值得。何足以臧："以" 后省 "之"。

【译文】

孔子说："穿着破旧的絮着旧丝绵的麻布袍子，同穿狐、貉皮裘的人站在一起，却不觉得羞耻的人，大概只有仲由吧？《诗经》说：'不嫉妒，不贪求，为什么不好呢？'"子路终生诵读这句诗。孔子说："这只是为人之道的(一方面)，哪里值得作为终生的美德呢？"

9.28 子曰:"岁寒,然后知松柏之后凋也。"

【注】

凋:草木零落,凋谢。《注疏》:"大寒之岁,众木皆死,然后知松柏之少凋伤。岁平,则众木亦有不死者,故须岁寒而后别之。喻凡人处治世,亦能自修整,与君子同,在浊世,然后知君子之正,不苟正也。"南怀瑾《论语别裁》:"人要在艰难困苦中才看得到他的人格,平常看不出来。如文天祥就是一个例子,国家无事时他是一个风流才子,谁看得出他是一个如此坚贞而正气浩然的一个人。"

【译文】

孔子说:"一年最寒冷的季节,才知道松柏是最后凋落的。"

9.29 子曰:"知者不惑,仁者不忧,勇者不惧。"

【注】

知:同"智"。

惑:乱,迷乱。《说文解字》:"惑,乱也。"《玉篇·心部》:"惑,迷也。"《注疏》:"包曰:'不惑,不惑乱也,不忧,不忧患也。'"

【译文】

孔子说:"聪明人不迷惑,仁爱的人不忧愁,勇敢的人不畏惧。"

9.30 子曰:"可与共学,未可与适道;可与适道,未可与立;可与立,未可与权。"

【注】

可与:《集注》:"可与者,言其可与共为此事也。"周按:"与"后"省"之。

适:往,到。《说文》:"适,至也。"

立:《译注》:“《论语》的立经常包含着‘立于礼’的意思,所以这里译为‘事事依礼而行’。”

权:变通,权变。即衡量是非轻重,因事制宜。

【译文】

孔子说:“能够和他一起学习,未必能一起到达仁义之善道;能一起到达善道,未必能一起坚持道而不变;未必能一起随机应变。”

9.31 “唐棣之华,偏其反而。岂不尔思?室是远而。”子曰:“未之思也,夫何远之有?”

【注】

唐棣:《集注》:“唐棣,郁李也。‘偏’《晋书》作‘翩’,然则‘反’当与‘翻’同,言华之摇动也。而,语助也。此逸诗也于六艺属兴,上两句无意,但以起下两句之辞耳。”

华:同“花”。

其:助词。

尔思:即:“思尔”。尔,你,作“思”的宾语,因“尔”是代词,所以前置。

室:房屋;住宅。《说文解字注》:“室,引申之,则凡所居皆曰室。”

是:表示加强肯定语气,又隐含有“的确”“实在”之意。

未之思:即“未思之”。“之”是代词,作否定句的宾语,所以前置。

【译文】

“唐棣之花,翩翩而舞。难道我不思念你?(你的)家实在太远了。”孔子说:“还是没思念她呀,(若是真思念)有什么远的!”

10. 乡党

10.1 孔子于乡党,恂恂如也,似不能言者。其在宗庙、朝廷,便便言,唯谨尔。

【注】

乡党:泛称家乡。周朝时,12 500 家为乡,500 家为党。

恂(xún)恂:严肃、恭谨的样子。

如:助词,用于句末,相当于"然"。

能:善于,长于。

宗庙:祭祀先人的宫室。

便便:"便"通"辩"。善于言辞。

【译文】

孔子在家乡,温和谦恭,好像不善言谈。在宗庙、朝廷却善于辩论,只是很恭谨罢了。

10.2 朝,与下大夫言,侃侃如也;与上大夫言,訚訚如也。君在,踧踖如也,与与如也。

【注】

朝:朝廷。按:与下文"君在"对应,"朝"之后省去"君不在",可视为蒙后省略。

上大夫、下大夫:《礼记·王制》:"诸侯上大夫卿,下大夫五人。"《论语释故》:"……卿与大夫,《春秋》皆谓之大夫。分言之,则卿为上大夫,其大夫皆谓下大夫。"《正义》:"夫子仕鲁为小司空,小司寇，是下大夫。”《集解》：“孔曰：‘侃侃，和乐之貌。訚(yìn)訚，中正之貌。与与，威仪中适之貌。’”《注疏》：“树达按：‘《论语》所记，孔子因所与语之人异。而异其容也。’”

【译文】

上朝时，（如果君主不在），（孔子）和（同级的）下大夫交谈，神态和悦；与上大夫交谈，谦和而恭敬。国君在朝堂时，孔子恭敬谨慎，仪态适度。

10.3 君召使摈，色勃如也；足躩如也。揖所与立，左右手，衣前后，襜如也。趋进，翼如也。宾退，必复命曰：“宾不顾矣。”

【注】

摈：《字典》释义，同“傧”，迎接宾客。《说文解字》：“摈，导也。或从‘手’。”《周礼·秋官·司仪》：“掌九仪之宾客摈相之礼。”郑玄注：“出接宾曰摈。”《正义》：“郑曰：‘君召使摈者，有宾客使迎之。’”

《疏证》：“《穀梁传·定公十年》曰：‘颊谷之会，孔子相焉。’”树达按：“相”谓相礼，与《论语》“愿为小相焉”之“相”同。

勃：《字典》：猝然，《玉篇·力部》：“勃，卒也。”邢昺疏：“色勃如也者，勃然变色也。”躩(jué)《汉语大字典》：(一)迅疾貌。《说文解字》：“躩，足躩如也。”《论语·乡党》“……足躩如也。”皇侃义疏引江熙云：“躩，速貌也。”《庄子·山水》：“蹇裳躩步，……”成玄英注：“躩步，犹疾行也。”

襜如也：《集注》：“整齐貌。”

趋进，翼如也：《集注》：“疾趋而进，张拱端好，如鸟舒翼。”

复命：向国君回报。

顾：回头。

【译文】

鲁君召孔子去接待外宾，孔子脸色矜持庄重，脚步也快起来。向左并向右拱手，衣服前后摆动，却显得很整齐。快步前行，像鸟儿展开翅膀一样。贵宾退出后，一定向君主报告，说："贵宾已经不回头招手了。"

10.4 入公门，鞠躬如也，如不容。立不中门，行不履阈。过位，色勃如也，足躩如也，其言似不足者。摄齐升堂，鞠躬如也，屏气似不息者。出，降一等，逞颜色，怡怡如也。没阶，趋进，翼如也。复其位，踧踖如也。

【注】

公门：朝廷的门。

鞠躬如也：低着头进门，好像鞠躬的样子。《集注》："鞠躬，曲身也。公门高大而不容，敬之至也。"

如不容：好像门不能容纳。

中门：门的中间。《集注》："中门，中于门也。"立不中门，不站在门的中间。

行不履阈(yù)：《集解》："孔曰：'阈，门限也。'"按：今称门槛(kǎn)。履，践踏；踩。

摄齐升堂：摄：提起。齐(zī)，衣裳的下摆。升堂，登堂。《集解》："摄齐者，抠衣也。"按：抠，提起。

屏气：憋住气，压抑呼吸。

不息：不呼吸。

降一等：走下一级台阶。

逞颜色，怡怡如也：和悦的样子。《集解》："孔曰：'先屏气下阶舒气，故怡怡如也。'"

没阶：下完台阶。

复其位:回到自己的位置。

【译文】

孔子走进朝廷的大门,弯腰低头,好像门框不能容纳似的。不在门中间站立,行走不踩门槛。经过国君的座位,脸色矜持庄重,脚步也快起来,说话好像底气不足。提起衣服的下摆,向堂上走时,弯腰低头,憋住气好像不呼吸一样。从朝堂出来,走下一级台阶,脸色舒展,怡然自得。下完台阶,小步快走,像鸟儿展翅一样。回到自己的位置,是恭敬而不安的样子。

10.5 执圭,鞠躬如也,如不胜。上如揖,下如授。勃如战色,足蹜蹜,如有循。享礼,有容色。私觌,愉愉如也。

【注】

执圭:拿着圭。圭,玉器。江永《群经补义》:"人臣所执之圭谓之瑑圭,其度用偶数,大国之臣八寸,次国六寸。若桓圭九寸,信圭躬圭七寸,谓之命圭,臣不得而执也。"圭是玉器,上圆上方,或作剑头形,举行典礼时,君臣都拿着。圭也是外交凭信,大夫出使,执圭作为代表君主的凭信。《集注》:"圭,诸侯命圭。聘问邻国,则使大夫执以通信。"

胜:能。如不胜,好像力量不够,拿不起来。

上如揖,下如授:这两句讲执圭的高低。谓执圭平衡,手与心齐,上不超过作揖的高度,下不低于把东西给人的高度。

勃:庄重。勃如战色,面色庄重好像在作战。

蹜(sù)蹜:脚步密而小的样子。

循:顺着,沿着。如有循,就像遵循一条直线走。

享礼,有容色:享,献。《集解》:"郑曰:'享,献也。聘礼,既聘而享,享用圭璧,有庭实也。'"

有容色:满脸和气。

觌(dí):相见。私觌,以私人身份和外国君臣会见。

愉愉:轻松愉快。

【译文】

孔子出使别国,拿着圭,弯着腰低着头,好像圭很重举不起来。向上举好像作揖,向下拿像把东西交给别人。面色庄重好像在作战,脚步密而小,像遵循一条直线走。进献礼物时满面和气。以私人身份同外国君臣会见时,满脸和气。

10.6 君子不以绀緅饰,红紫不以为亵服。当暑,袗絺绤,必表而出之。缁衣,羔裘;素衣,麑裘;黄衣,狐裘。亵裘长,短右袂。必有寝衣,长一身有半。狐貉之厚以居。去丧,无所不佩。非帷裳,必杀之。羔裘玄冠不以吊。吉月,必朝服而朝。

【注】

绀(gàn):深青带红的颜色,相当于“天青”色。

緅(zōu):深青透红的颜色。

饰:镶边。绀色是斋服用的颜色,而緅色则是用于三年之丧的丧服。所以不用绀色、緅色来镶边。

亵服:平常在家穿的衣服,即便服。红、紫不是正色,而且与妇人、女子服色相近,所以孔子也不用作平常家居衣服的颜色。《集解》:“亵服,私居服,非公会之服。”

当暑:在夏天。

袗絺绤:穿着粗的或细的葛布单衣。袗(zhěn),单衣,这里用作动词,穿单衣。絺(chī),细葛布。

表而出之:居家穿内衣,外出时把葛衣穿在外面。俞樾《群经平议》:“加上表衣,然后出之,则非如近解所谓‘表絺绤’而出于外也，'出于' 二字连文。之，往也。出之者，出往他所也。居家可单衣絺绤，若出而他往，必加表衣，故曰：'必表而出之。'"

缁(zī)：黑色。

羔裘：羔羊皮衣。古人穿皮衣时毛向外，因此要套上罩衣，罩衣的颜色和皮衣的颜色应相称。古代的羔裘都是黑羊毛，所以要配上黑色罩衣，即所谓缁衣。

素衣：白色的罩衣。

麑(ní)：小鹿，毛白色。亵裘长，短左袂：《集解》："程按：此节文极可疑，两袖一长一短，绝无此理。作 '有' 义为长，且与上、下节 '必有寝衣' 文亦一律。" 俞樾《群经平议》："左右两袂，必无一长一短之理。短右袂者，卷之使短也。亵裘长则袂亦长，于作事不便，故卷右袂使短，是谓短右袂。程按：此可备一义。"

寝衣：小被子，古代大被叫衾，小被叫寝衣。

狐貉之厚以居：《集注》："狐、貉毛深，温厚，私居取其适体。" "以居" 之 "居" 当 "坐" 讲，这里指坐垫。

非帷裳，必杀之：帷裳，上朝和祭祀时穿的礼服，用整幅布做，不加裁剪，多余的布折叠在里边缝上。"非帷裳" 即平常穿的衣服，"必杀之"，必须裁剪。杀(shài)，裁削。《集韵》："杀，削也。"

羔裘玄冠：冠，礼帽。二者都是黑色的，古人用作吉服，因此不能穿戴着 "羔裘玄冠" 去吊丧。

吉月：《集解》："孔曰：'吉月，月朔也。'" 即每月初一。

【译文】

君子不用天青色和铁红色做衣服领子和袖口的镶边，红色和紫色不用作平常家居衣服的颜色。在夏天，穿着粗的或者细的葛布单衣，但一定先穿内衣，把葛布衣穿在外面。黑色的罩衣配黑色的羊皮袍子，白色的罩衣配白色幼鹿皮袍子，黄色的罩衣配黄色的狐皮袍子。平时在家穿的皮袍要长一些,(为便于做事)右边的袖子要卷得短一点。睡觉一定有小被,长度是衣长的一倍半。用毛厚的狐皮貉皮做坐垫。丧期满了以后,可佩戴各种装饰品。除了上朝和祭祀时穿的礼服,一定要裁剪,不用整幅布做。不穿黑色羔羊皮袍,不戴黑色的礼帽去吊丧。大年初一,一定穿着上朝的礼服去朝拜君主。

10.7 齐,必有明衣,布。齐必变食,居必迁坐。

【注】

齐:古有二音,一读 qí ,一读 zhāi。后来造了区别字“齋”,即“斋”的繁体。古人举行祭祀或典礼之前要斋戒,不饮酒,不吃荤,不与妻妾同房,清心寡欲,以示虔敬。

明衣:斋前沐浴后穿的浴衣。

布:段玉裁《说文解字注》:“古无今之木棉布,但有麻布及葛布而已。”

变食:改变平常的饮食,不饮酒,不吃荤。

迁坐:改换卧室。斋戒前一定迁到“外寝”,不与妻妾同房。

【译文】

斋戒沐浴前,一定要有布做的浴衣。斋戒时,一定要改变平常的饮食,居住一定要换卧室。

10.8 食不厌精,脍不厌细。食饐而餲,鱼馁而肉败,不食。色恶,不食。臭恶,不食。失饪,不食。不时,不食,割不正,不食。不得其酱,不食。肉虽多,不使胜食气。唯酒无量,不及乱。沽酒市脯,不食。不撤姜食,不多食。

【注】

厌:满足。

精:优质洁净的米。

脍(kuài):《说文》:“细切肉也。”

食饐(yì)而餲(ài):《集解》:“饐、餲,臭。味变也。”

鱼馁而肉败:鱼烂曰馁,肉腐曰败。

色恶:事物的颜色变得难看。

臭:臭,气味。

失饪(rèn):烹饪之法不当。

不时:不应季,不时鲜。

割不正:宰杀猪牛羊时没有按规定方法切割分解。

不得其酱:吃不同的肉,用不同的酱,用酱不合适就叫不得其酱。《集注》:“食肉用酱,各有所宜,不得则不食,恶其不备也。”

气:同“饩”,指粮食。《集注》:“食以谷为主,故不使肉胜食气。”

唯酒无量,不及乱:《集释》引皇侃疏:“酒虽多,无有限量,而人宜随己能而饮,不得及之于醉乱也。”

酤就市脯不食:脯,干肉。沽、市:都有“买”之意。买的酒和干肉都不吃。《集释》引皇侃疏:“酒不自作,则未必清洁,脯不自作则不知何物之肉。故沽市所得,并所不食也。”

不撤姜食:《集解》:“孔曰:‘撤去也。斋禁荤物,姜辛不臭,故不去。’”按:每餐必有姜,不能撤去。

《集注》:“此一节,记孔子饮食之节。”按:节,节制。

【译文】

米不嫌舂得精,鱼和肉不嫌切得细。粮食经久腐臭,鱼和肉腐败了,不吃。食物的颜色变坏了,不吃。气味难闻的,不吃。烹调不当的,不吃。不应季,不时鲜,不吃。没按规定的方法切割的肉,不吃。没有合适的酱作调料,不吃。筵席上的肉虽多,但吃肉不能超过吃粮的量。只有酒不限量,但不要喝醉。从市上买来的酒和肉干,不吃。吃完饭后,姜不撤出,但也不多吃。

10.9 祭于公,不宿肉。祭肉不出三日。出三日不食之矣。

【注】

祭于公,不宿肉:《译注》:“古代的大夫、士都有助君祭祀之礼。天子诸侯的祭礼,当天清早宰杀牲畜,然后举行祭典。第二天又祭,叫做‘绎祭’。绎祭之后才允许个人将自己带来助祭的肉回去,或者又依贵贱的等级分别颁赐国家的祭肉。这样祭于公的肉,在未赐下来以前,至少是放了一两天了,因而不能宿。”

【译文】

参与国家的祭祀典礼分到的肉,不能留到第二天。别的祭肉留存不过三天。如果过了三天,就不吃它了。

10.10 食不语,寝不言。

【译文】

吃饭时不交谈,睡觉时不说话。

10.11 虽蔬食菜羹,瓜祭,必齐如也。

【注】

蔬食、菜羹、瓜:《注疏》:“蔬食也,菜羹也,瓜也,三物虽薄,将食祭仙之时,亦必严敬。《玉藻》云:‘唯水浆不祭。’”齐,音“斋”,即斋戒。

【译文】

即使吃糙米饭和青菜汤,也一定要先祭一祭,而且祭的时候要恭敬,好像斋戒一样。

10.12 席不正,不坐。

【译文】

坐席不端正，不坐。

10.13 乡人饮酒，杖者出，斯出矣。

【注】

《集解》："孔曰：'杖者，老人也。'乡人饮酒之礼主于老者。老者礼毕出，孔子从而后出。"

【译文】

参加乡饮酒礼，拄拐杖的老人礼毕出去了，(孔子)自己才随后出去。

10.14 乡人傩，朝服而立于阼阶。

【注】

傩：古代的一种风俗，迎神以驱逐疫鬼，表演者戴各种面具，至今在南方汉人和少数民族中仍有遗存。《集解》："驱逐疫鬼，恐惊先祖，故朝服而立于庙之阼阶。"

【译文】

同乡的人迎神驱鬼，(孔子)穿着朝服站在东边的台阶上。

10.15 问人于他邦，再拜而送之。

【注】

问：问候，问好。

再拜：向受托者拜两次。《集解》："孔曰：'拜送使者，敬也。'"段玉裁《经韵楼·释拜》："凡《礼经》言拜不言再者，皆一拜也……下文'拜而受之'则一拜。"

【译文】

(孔子)托人给在其他诸侯国的朋友问好送礼，向受托者拜两次，然后送别。

10.16 康子馈药，拜而受之。曰："丘未达，不敢尝。"

【注】

康子：即季康子。

馈：赠送。这里指送给孔子。

达：通达，了解。

未达：对药性不了解。《集解》："孔曰：'未知其故，故不尝，礼也。'"《集注》："此一节，记孔子与人交之诚意。"

【译文】

季康子送给孔子药物，孔子拜谢后接受。说："我对药性不很了解，不敢试服。"

10.17 厩焚。子退朝，曰："伤人乎？"不问马。

【注】

厩：马棚。

退朝：从朝廷回来。《集解》："郑曰：'重人贱畜也。退朝者，自鲁之朝来归也。'"

【译文】

孔子的马厩失火了。孔子从朝廷回来，问道："有人受伤吗？"不问马的情况。

10.18 君赐食，必正席先尝之。君赐腥，必熟而荐之。君赐生，必畜之。侍食于君，君祭，先饭。

【注】

食：熟食。

正席:使坐席正,即摆正坐席。

腥:生肉。

荐:供奉祖先。

生:活动物。

畜:畜养。

祭:饭前的祭礼。

先饭:古时君主吃饭前,饭菜要先有人尝一尝,君主才吃,以防国君被毒死。历代王宫中都有尝膳宦官。《集解》:“孔曰:‘正席先尝,敬君惠也。’”

【译文】

国君赐给熟食,孔子一定摆正坐席先尝一尝。国君赐给生肉,一定煮熟了先供奉祖先。国君赐给活的牲口,一定把它畜养起来。侍奉君主一道吃饭,在君主进行饭前祭礼的时候,自己先尝一尝。

10.19 疾,君视之,东首,加朝服,拖绅。

【注】

东首:《译注》:“指孔子病中仍旧卧床而言。古人卧榻一般设在南窗的西面,国君从东边台阶走上来(东阶就是阼阶,原是主人的位向,但国君自以为是全国的主人,就是到臣下家中,仍从阼阶上下),所以孔子面向东来迎接他。”

加朝服,拖绅:孔子卧病在床,自不能穿朝服,只能盖在身上。绅是束在腰间的大带,束了以后仍有一节垂下来。

【译文】

孔子病了,国君来探视,孔子头朝东,把上朝的礼服盖在身上,拖着大带。

10.20 君命召，不俟驾行矣。

【注】

俟：等待。

驾：驾好马车。

行：指步行。

【译文】

国君下命令召见，孔子不等到车辆驾好，就先自己步行前往。

10.21 入太庙，每事问。

【注】

此节重出，已见于《八佾》篇第十五章。

10.22 朋友死，无所归，曰："于我殡。"

【注】

殡：停放灵柩和埋葬都叫殡。《集解》："孔曰：'重朋友之恩也。无所归，无亲昵也。'"

【译文】

（孔子的）朋友去世，没有亲人负责敛埋，孔子就说："我来负责办理丧事。"

10.23 朋友之馈，虽车马，非祭肉，不拜。

【注】

馈：赠送，这里指赠品。《集注》："朋友有通财之义，故虽车马之重不拜。祭肉则拜者，敬其祖考，同于己亲也。此一节记孔子交朋友之义。"

【译文】

朋友的赠品,即使是车马,只要不是祭肉,(孔子在接受时)就不拜谢。

10.24 寝不尸,居不客。

【注】

尸:《论语训》:"尸,祭尸也。尸必斋居内寝,故在寝不斋敬客,同居人家则不为客,亦不以客礼待人也。"按:祭尸,即祭祀中代表死者受祭的人,应端坐不动。《集释》程按:"尸当为'坐如尸'之尸,非死尸也。包郑钧训为死人,是其误不始于朱子。"又程按:"《曲礼》:坐如尸,寝不尸,言寝则向晦入夕之时,屈伸辗转偬可自如,不如此也。"《集注》作不似死人,盖沿包注之误,不可从。不似死人,何待圣人能之耶?"

【译文】

孔子睡觉不像祭尸一样挺直不动,平日在家闲居,也不像作客或接待客人那样庄重。

10.25 见齐衰者,虽押,必变。见冕者与瞽者,虽亵,必以貌。凶服者式之。式负版者。有盛馔,必变色而作。迅雷风烈必变。

【注】

齐衰(zī cuī):用熟麻布做的缝边的丧服。齐衰者,指穿丧服的人。

押:亲近。

变:指改变表情,表示哀悼。

冕:古代天子、诸侯、卿大夫所戴的礼帽。

瞽:眼盲。

亵:常见、熟悉。

貌:指有礼貌。

凶服:丧服。《集解》:"孔曰:'凶服者,送死之衣服也。'"

式之:"式"同"轼",古代车辆前的横木。这里用作动词,用手扶轼,以表敬意或同情。凶服者式之,在车上遇见穿丧服的人,就微微俯身,手扶车前横木,表示同情。

式负版者:负,背负;版,国家图籍。式负版者:对背负国家图籍的人扶轼,表示敬意。"式"后省"于"字,即式于负版者。于,对。

盛馔:丰盛的菜肴。

作:站立。

变:改变神色。

【译文】

(孔子)看见穿孝服的人,即使是平日极亲密的,也一定改变表情,表示同情。看见戴着礼帽的官员和盲人,即使一天相见几次,也一定用恭敬或同情的情貌对待他。在车上遇到穿孝服的人,就向前俯身,扶着车前的横木,(表示肃敬)。遇到背负国家图籍的人,也手扶车前横木(以示敬意)。

(作客时)如有特别丰盛的筵席,一定改变神色,恭敬地站起来。遇见迅雷暴风,一定改变神色,(表示对上天的尊敬)。

10.26 升车,必正立,执绥。车中,不内顾,不疾言,不亲指。

【注】

升车:上车。

正立:端正地站立。

绥:上车用的扶手带。

内顾:回头看。

疾言:很快地说话。

亲指:指指点点。

【译文】

孔子上车，一定端正地站好，然后拉着扶手带上车。在车上，不回头看，不疾言厉声地说话，不指指点点。

10.27 色斯举矣，翔而后集。曰：“山梁雌雉，时哉时哉！”子路共之，三嗅而作。

【注】

色斯举矣：《译说》：“‘色’，至今未得正确解释。钱穆、杨伯峻译为：“孔子的脸色一动，野鸡便飞向天空。”两种今译都有古注的根据（古注皆把“色”字当作本字），这其实是讲不通的。“少许颜色不善”“孔子的脸色一动”怎么就惊动野鸡起飞，无斯理，也必无斯事。这个“色”字是“歒”的假借音。《春秋·公羊传》：“哀公六年，诸大夫见之皆色然而骇。”何休注：“色，惊骇貌。”

王引之《经义述闻》：“色者，歒之借字也……王引之此说可为定谳。”《论语》本篇本章的“色”字为“歒”的假借字亦当没有疑问。举，意为“飞”。《吕氏春秋·论感》：“兔起凫举。”高诱注：“起，走，举，飞也。兔走凫飞，喻力疾也。”色斯举矣即一群野鸡受了惊吓立即飞了起来。

时：指得其时。

共：同“拱”，拱手。

嗅(jù)：同“狊”，鸟张开两翅的样子。三嗅而作，指野鸡振振翅膀飞走了。

【译文】

一群野鸡受了惊立刻飞了起来，盘旋一阵而后又都落在一起。孔子说：“山坡上的这些野鸡真是得其时呀！真是得其时呀！”子路向它们拱手，野鸡叫了三声就飞走了。

11. 先进

11.1 子曰："先进于礼乐，野人也；后进于礼乐，君子也。如用之，则吾从先进。"

【注】

先进：关于"先进""后进"历代注释多有不同。主要有以下两种。一是认为"先进""后进"都指孔子弟子："先进"即弟子中没有爵禄需要先学习礼乐而后做官的人，如颜渊、闵子骞等人；后进即弟子中皆已出仕，但需要学习礼乐的人，如冉求，子路等人。《论语正义》持此说。二是从时间上划分，"先进"指五帝以前，后进指"三王"以后。

本章是孔子评论其弟子仕进的先后，后面各章也是孔子对弟子的评论，所以第一种说法较好。君子：这里指卿、大夫的子弟，享有世袭特权，可以先作官，然后再学习礼乐。

野人：在野的人，指没有特权的一般士人。

从：主张。

【译文】

孔子说："先学习礼乐而后做官的人，是没有世袭特权的一般士人；先做官而后学习礼乐的人，是卿大夫的子弟。如果要我选用人才，我主张选用先学习礼乐的人。"

11.2 子曰："从我于陈、蔡者，皆不及门也。"

【注】

陈、蔡：国名。孔子周游列国时，从陈国去蔡国途中，被陈、蔡人围困,以至绝粮。当时颜渊、子路、子贡等诸名弟子都跟随着他。后来,孔子回到鲁国,子路、子贡、先后离开,颜渊也死了,当时一起“在陈绝粮”的弟子都不在身边了。

不及门:不在门下,即不在身边。《集注》:“孔子尝厄陈、蔡之间,弟子多从之者。此时皆不在门,故孔子思之,盖不忘其相从于患难之中也。”

【译文】

孔子说:“跟着我在陈、蔡受苦的学生,都不在我身边了。”

11.3 德行:颜渊,闵子骞,冉伯牛,仲弓。言语:宰我,子贡。政事:冉有,季路。文学:子游,子夏。

【注】

德行:指德行好的。

言语:善于辞令。

文学:指熟悉《诗》《书》《礼》《易》等古代文献的人。

《集释》引皇侃疏:“德行百行之美也……言语谓宾主相对之辞也。政事,谓治国之政也。文学谓善先王典文。”

【译文】

(孔子的弟子)品德行为好的有颜渊、闵子骞、冉伯牛、仲弓。善于辞令的有宰我、子贡。擅长办理政事的有:冉有,季路。熟悉古代文献的有子游、子夏。

11.4 子曰:“回也非助我者也,于吾言无所不说。”

【注】

说:同“悦”。《集解》:“孔曰:‘助犹益也,言回闻言即解,无发起增益于己也。’”

【译文】

孔子说:“颜回,不是对我有帮助的人,他对我的话没有不喜欢的。”

11.5 子曰:“孝哉闵子骞!人不间于其父母昆弟之言。”

【注】

人不间于父母昆弟之言:汉代刘向《说苑》:“闵子骞兄弟二人,母死,其父再娶,复有二子,闵子骞善事其父,亦善事其后母及母所生之二弟。于是父感之,其后母与两弟亦感之。”间,挑拨离间。昆,兄,哥哥。

【译文】

孔子说:“闵子骞真是孝顺呀,没有什么人能在他与父母、兄弟之间挑拨离间。”

11.6 南容三复白圭,孔子以其兄之子妻之。

【注】

三复:反复。

白圭:指《诗经·大雅·抑》的诗句:“白圭之玷(diàn),尚可磨也;斯言之玷,不可为也。”意思是白玉的污点还可磨掉;我们言语中的污点,一说出就无法挽回了。告诫人们要谨言。南容反复读这几句诗,表明他对说话特别谨慎。

子:古代指儿女。《礼仪·丧服》:“故子生三月则父母名之 。”郑玄注:“凡言子者,可以兼男女。”

妻之:做他的妻。妻,动词

【译文】

南容反复朗诵“白圭之玷;尚可磨也;斯言之玷,不可为也”几句诗。孔子把他哥哥的女儿嫁给南容。

11.7 季康子问:“弟子孰为好学?”孔子对曰:“有颜回者好学,不幸短命死矣,今也则亡。”

【注】

亡:同“无”。《集注》:“哀公,康子问同而对有详略者,臣之告君不可不尽,若康子者,必待其问乃告之,此教诲之道也。”

【译文】

季康子问孔子:“你的学生中谁爱学习?”孔子回答说:“有个叫颜回的爱学习,不幸短命死了,现在就没有这样爱学习的了。”

11.8 颜渊死,颜路请子之车以为之椁。子曰:“才不才,亦各言其子也。鲤也死,有棺而无椁。吾不徒行以为之椁。以吾从大夫之后,不可徒行也。”

【注】

颜路:《集解》:“孔曰:“颜路,颜渊之父。家贫,故欲借孔子之車卖以作椁。”按:古代榜椁有两重,外曰椁,内曰棺。

才不才:不管是有才能,还是没有才能。这里分别指颜路的儿子颜渊,和孔子的儿子孔鲤。鲤,字伯鱼,50岁死,当时孔子70岁。

从大夫之后:随从在大夫行列的后面。孔子曾任司寇,是大夫。这里说“从大夫之后”是谦辞。按周礼,大夫不应步行。

不可徒行:不可步行。《集释》引江熙云:“不可徒行,拒之辞也。”意为孔子不愿借车。

【译文】

颜渊死了,他的父亲颜路请求孔子将车子卖掉给颜渊做个外椁。孔子说:“不管有才能或没有才能,颜渊、孔鲤总是你我的儿子。

孔鲤死了也只有内棺，没有外椁。我不能卖掉车子自己步行来替颜渊置办外椁。因为我做过大夫，是不可以步行的。”

11.9 颜渊死，子曰：“噫！天丧予！天丧予！”

【注】

《集解》：“噫，痛伤之声。天丧予者，若丧己也。再言之者痛惜之甚也。”

丧：《说文》：“亡也。”

【译文】

颜渊死了。孔子说：“老天灭亡我啊！老天灭亡我啊！”

11.10 颜渊死，子哭之恸。从者曰：“子恸矣！”曰：“有恸乎？非夫人之为恸而谁为？”

【注】

恸(tòng)：极度悲伤。

非夫人之为恸：是“非为夫人恸”的倒装。夫人，那人。夫，指示代词那。之是宾语前置的标志，助词。

谁为：为谁。古汉语中，动词或介词的宾语如果是疑问代词，这个疑问代词宾语就要提到动词或代词之前。

【译文】

颜渊死了，孔子哭得很伤心。随从的弟子说：“老师伤心过度了。”孔子说：“伤心过度了吗？我不为这个人伤心，还为谁伤心呢？”

11.11 颜渊死，门人欲厚葬之。子曰：“不可。”

门人厚葬之。子曰：“回也视予犹父也，予不得视犹子也。非我也，夫二三子也。”

【注】

不可：丧葬的厚薄应该根据家里的经济条件，颜渊家贫，而用厚葬，孔子认为不应该。《集解》："礼贫富有宜。颜渊贫而门人欲厚葬之，故不听。马曰：'言回自有父，父意欲听门人厚葬，我不得制止，非其厚葬故云尔。'"

非我也：指厚葬不是我的主意。孔子的儿子是薄葬。

二三子：指孔子的学生。

【译文】

颜渊死了，孔子的弟子们要厚葬他。孔子说："不可厚葬。"

弟子们仍然厚葬了颜渊。孔子说："颜回呀，你把我当父亲一样看待，我却不能把你当儿子一样对待，这不是我的主意。"

11.12 季路问事鬼神。子曰："未能事人，焉能事鬼？"

曰："敢问死。"曰："未知生，焉知死？"

【注】

事：服侍，事奉。《玉篇》："事，奉也。"

鬼神：鬼指死去的祖先。

焉：怎么，哪里。

敢：谦词。《礼仪·士虞礼》："敢，冒昧之词。"

【译文】

子路问怎样侍奉鬼神。孔子说："不能侍奉活着的人，怎么能侍奉死人？"子路说："我冒昧地问死是怎么回事。"孔子说："生的道理还不知道，怎能懂得死？"

11.13 闵子骞侍侧，訚訚如也；子路，行行如也；冉有、子贡，侃侃如也。子乐。"若由也，不得其死然。"

【注】

侍侧:侍立在孔子身旁。

訚訚(yīn):正直而恭敬的样子。《玉篇》:"訚,和敬貌。"

如:形容词词尾。同"然"。

行行(hàng):刚强的样子。

侃侃:温和而快乐的样子。

《集释》引皇疏:"卑者在尊者之侧曰侍,此明子骞侍于孔子座侧也。訚訚,中正也。亦侍孔子座侧也。行行,刚强貌也……侃侃,和乐也。"

若由也:若,像。由,仲由,即子路。

不得其死:《集解》:"孔曰:'不得以寿终也。'" 按:指会遭受战乱和天灾,不能尽享天年而早亡。后来子路果然死于卫国内乱。

【译文】

闵子骞侍立在孔子身旁,中正而恭敬的样子;子路很刚强的样子;冉有、子贡温和而快乐的样子。孔子很高兴。但说:"像仲由啊,(恐怕)不能尽享天年。"

11.14 鲁人为长府。闵子骞曰:"仍旧贯,如之何?何必改作?"子曰:"夫人不言,言必有中。"

【注】

鲁人:此处指鲁国的执政大臣。

为:改建。《集注》:"为,盖改作之。"

长府:《集注》:"长府,藏名,藏货财曰府。" 按:府,府库,仓库。

仍:因,沿袭。《集解》:"仍,因也,贯,事也。因旧事则可也。何乃复更改作。"

夫人不言:夫,代词,这,这个。不言,《集注》:"言不妄发。"

中:正。即正中靶心之“中”(zhòng)。

【译文】

鲁国大臣要改建金库“长府”。闵子骞说:“保持老样子怎么样?何必改建呢?”孔子说:“这个人不说则已,一说话必定说到要害。”

11.15 子曰:“由之瑟奚为于丘之门?”门人不敬子路。子曰:“由也升堂矣,未入于室也。”

【注】

瑟:弦乐器,有25根弦。

奚:何,为什么。

为:弹奏。《集解》:“马曰:‘子路鼓瑟不合《雅》《颂》。’”《集释》:“程按:马《注》言‘子路鼓瑟’,皇、邢二疏并同,是唐人所见本皆有‘鼓’字。”

奚为于丘之门:怎样在我门下学习的呢?孔子不满意子路所弹乐曲,故出此言。

【译文】

孔子说:“仲由鼓瑟(弹成这个样子),怎么在我门下学习呢?”因此孔子的学生不尊敬子路。孔子又说:“仲由的人品学问已经达到厅堂,只是还没进入内室。”

11.16 子贡问:“师与商也孰贤?”子曰:“师也过,商也不及。”曰:“然则师愈与?”子曰:“过犹不及。”

【注】

师:颛孙师,字子张,孔子弟子。

商:卜商,字子夏,孔子弟子。

过:过分。

不及:没有达到适中的程度。

愈:胜过。

贤:优胜。

按:孔子主张做事要适中,反对“过”与“不及”。

【译文】

子贡问:“颛孙师与卜商哪一个更好?”孔子说:“颛孙师做事超过适中的标准,卜商做事达不到适中的标准。”子贡说:“那么颛孙师胜过卜商吗?”孔子说:“事情做得过头,就如同做得不够一样,都是不合适的。”

11.17 季氏富于周公,而求也为之聚敛而附益之。子曰:“非吾徒也。小子鸣鼓而攻之,可也。”

【注】

周公:指周公旦。《论语》中称周公旦为周公的的共有四次。

季氏:指季康子。

鸣鼓:使鼓鸣,即擂鼓。

为之聚敛而附盖之:《译注》:“季氏要用田赋制度,增加赋税,使冉求征求孔子的意见,孔子则主张‘施取其厚,事举其中,敛从其薄’。结果冉求仍然听从季氏,实行田赋制度。”聚敛,聚集收取财税。

【译文】

季氏比周公还要富,冉求还为他收取赋税,来增加他的财富。孔子曰:“冉求不是我的学生。学生们可以擂鼓攻击他的恶行。”

11.18 柴也愚,参也鲁,师也辟,由也谚。

【注】

柴:高柴,字子高,孔子弟子。《集解》:“弟子,高柴也,字子羔。

愚，愚直之愚也。”

参也鲁:《集解》:“孔曰:‘鲁，钝也。曾子迟钝也。’”

师也僻:《集解》:“子张，才过人，失在邪僻文过也。”按:僻，偏僻。引申为邪僻，偏激。

谚:鲁莽。

【译文】

高柴愚笨，曾参迟钝，颛孙师偏激，仲由鲁莽。

11.19 子曰:“回也其庶乎，屡空。赐不受命，而货殖焉，亿则屡中。”

【注】

庶:庶几，差不多。孔子器重颜回，弟子们也都知道颜回好学，所以省略了“学识”一词。

屡空:《集注》:“数至空匮也。”

赐:端木赐，即子贡。

命:天命。不受命，即不安于天命。

货殖:经商作买卖。俞樾《群经平议》:“古者商贾皆官主之……货贿之属节掌与官。”“若夫不受命于官，而自以其财，市贱鬻贵，逐什一之利，是谓“不受命于货殖。’”

亿:同“臆”，臆测，这里指猜测行情。

【译文】

孔子说:“颜回啊，他的学识差不多了吧？可是他穷得两手空空。端木赐不做官商，而自己经商，猜测市场行情，竟屡次猜对。”

11.20 子张问善人之道。子曰:“不践迹，亦不入于室。”

【注】

《集解》:“孔曰:‘践,循也。言善人不但循旧迹而已,亦少能创业,然亦不入于圣人之奥室。’”按:善人,指本质善而没有学习的人。”

入于室:到了家。比喻学问达到最高境界。

【译文】

子张问做善人的原则。孔子说:“不踩着别人的脚印走,道德学识难以达到最高境界。”

11.21 子曰:“论笃是与,君子者乎?色庄者乎?”

【注】

论:言论。

笃:笃实,诚实。论笃,这里指“论笃者”,即言论诚实的人。

是:表示宾语前置,助词。

与:赞许,支持。论笃是与,即支持言论诚实的人。《集注》:“言但以言论笃实而与之,则未知其君子者乎?言不可以言貌取人也。”

【译文】

孔子说:“只因言论笃实就支持一个人,这种人是君子呢?还是伪装好人呢?”

11.22 子路曰:“闻斯行诸?”子曰:“有父兄在,如之何其闻斯行之?”冉有问:“闻斯行诸?”子曰:“闻斯行之。”公西华曰:“由也问闻斯行诸,子曰:‘有父兄在’;求也问闻斯行诸,子曰:‘闻斯行之。’赤也惑,敢问。”子曰:“求退也,故进之;由也兼人,故退之。”

【注】

斯:就。

诸:兼词,“之”“乎”的合音。

由:仲由,即子路。

求:冉求,即冉有。

赤:公西华。

退:做事退缩。

进之:使之进。《集解》:“郑曰:‘言由有性谦退,子路务在胜尚人,各因其人之失而正之。’”

【译文】

子路问孔子:“听到了正确的道理就立即实行它吗?”孔子说:“有父亲、长兄在,怎么能听到就去做呢?”

冉有问孔子:“听到正确的道理就立即实行它吗?”孔子说:“听到了就实行它。”

公西华说:“仲由问‘听到了正确的道理就立即实行它吗?’您回答:‘有父兄在,怎么能听到了就去做呢?’冉有也是问‘听到了正确道理就立即实行它吗?’您说:‘听到了就去做。’我很疑惑,请问这是怎么回事?”孔子说:“冉求做事退缩,所以促使他前进;子路做事总是想超越别人,所以促使他退让。”

11.23 子畏于匡,颜渊后。子曰:“吾以女为死矣。”曰:“子在,回何敢死?”

【注】

畏:拘禁。《古汉语词典》:“畏,拘禁。”《论语·子罕》:“子畏于匡。”《史记正义》:“古匡城在滑州匡县西南十里。”按:今河南有滑县。

【译文】

孔子在匡邑被拘禁,颜渊最后才回到了孔子身边。孔子说:“我以为你死了。”颜渊说:“老师您在,我怎么敢死?”

11.24 季子然问:“仲由、冉求可谓大臣与?”子曰:“吾以子为异之问,曾由与求之问。所谓大臣者,以道事君,不可则止。今由与求也,可谓具臣矣。”

曰:“然则从之者与?”子曰:“弑父与君,亦不从也。”

【注】

季子然:《集注》:“子然,季氏子弟。自多其家得二子,故问之。”曾:竟,乃。

异:非常。

由与求之问:问仲由与冉求。

以道事君:以文武之道侍奉君主。

不可:君主不听。

具臣:办事之臣。《广韵》:“具,办也。”

【译文】

季然问孔子:“仲由、冉求可以说是大臣吗?”孔子说:“我以为你问非常重要的事情,竟然是问仲由和冉求是否可称为大臣。所谓大臣,应该用正道辅佐君主,如果(屡谏)而君主不听,就辞职离去。现今仲由和冉求,可以说是办事之臣。”季子然又问:“那么,他们会顺从季氏吗?”孔子说:“杀害父亲和君主的事,他们不能服从。”

11.25 子路使子羔为费宰。子曰:“贼夫人之子。”

子路曰:“有民人焉,有社稷焉,何必读书,然后为学?”

子曰:“是故恶夫佞者。”

【注】

子羔:高柴,字子羔,孔子弟子。

费:费邑,季氏的封地。

夫:指示代词,表示近指,相当于“这,这个”;远指相当于那、那个。

贼夫人之子:伤害人家的儿子。《集解》:“包曰:‘子羔学未熟习而使为政,所以为贼害也。’”

《集注》:“贼,害也。言子羔质美而未学,遽使治民,适以害之。”

佞者:花言巧语,巧咀利舌的人。

【译文】

子路让子羔去做费邑的长官。孔子说:“这是害人子弟。”

子路说:“那里有老百姓,有土神、谷神可祭祀施政,为什么一定要先读书才算是学习呢?”孔子说:“所以,我最厌恶巧言善辩的人。”

11.26 子路、曾皙、冉有、公西华侍坐。

子曰:“以吾一日长乎尔,毋吾以也。居则曰:‘不吾知也!’”如或知尔,则何以哉?”

子路率尔对曰:“千乘之国,摄乎大国之间,加之以师旅,因之以饥馑;由也为之,比及三年,可使有勇,且知方也。”

夫子哂之。

“求!尔何如?”

对曰:“方六七十,如五六十,求也为之,比及三年,可使足民。如其礼乐,以俟君子。”

“赤!尔何如?”

对曰:“非曰能之,愿学焉。宗庙之事,如会同,端章甫,愿为小相焉。”

“点!尔何如?”

鼓瑟希,铿尔,舍瑟而作,对曰:“异乎三子者之撰。”

子曰:“何伤乎?亦各言其志也。”

曰:“莫春者,春服既成,冠者五六人,童子六七人,浴乎沂,风乎舞雩,咏而归。”

夫子喟然叹曰:“吾与点也!”

三子者出,曾皙后。曾皙曰:“夫三子者之言何如?”

子曰:“亦各言其志也已矣。”

曰:“夫子何哂由也?”曰:“为国以礼,其言不让,是故哂之。”

“唯求则非邦也与?”

“安见方六七十如五六十而非邦也者?”

“唯赤则非邦也与?”

“宗庙会同,非诸侯而何?赤也为之小,孰能为之大?”

【注】

曾皙:名点,曾参的父亲,也是孔子弟子。

方六七十:这是古代的土地面积计算方式。“方六七十”并非“六七十方里”,而是每边长六七十里。

毋吾以也:即毋以吾也的倒装。毋,无,不要。

居:平日,平常。

率尔:《集注》:“率尔,轻遽之貌。”即轻率、急速。

摄:介、夹。

师旅:军队,两千五百人为师,五百人为旅,此指军队。

比:等到。

方:道理。《广雅。释诂》:“方,义也。”

宗庙之事,如会同:宗庙祭祀之事,与会同之礼。如,连词,相当于“与”。王引之《经传释词》:“如,犹与也。”

会同:国君会见诸侯,举行盟会。

因之以饥馑:《译说》:“因,台湾高树藩《中文形音义综合大字典》:‘小篆因,从口大,口示基址,大示扩充,就其基址而扩充为因’,据此译为‘再加上’。”

哂:《集解》解为笑,微笑。《译说》据《正义》解为“大笑,有失常态之笑”。笔者以为在这里孔子不至于笑得有失常态。

端章甫:端,古代礼服之名;章甫,古代礼帽之名。这里名词用作动词,即穿礼服,戴礼帽。

相:赞礼之人,即“司仪”。

希:同“稀”。正在鼓瑟的曾皙因回答老师的问题,弹瑟渐慢,瑟声渐稀疏。

作:站起来。

异乎三子者之撰:《译说》:“我们认为,这里的“撰”(读 xuǎn)是选择的意思。《集韵》:“选(譔),择也,或从手。”古书上也有这样用的,如《周官·夏官·大司马》:“群吏撰车徒。”贾公彦疏:“择取其善者。”据以上解说,将“异乎三子者之撰”译为“我的志向和三位同学选择的志向大不相同为宜”。

何伤乎:《字汇》:“伤,戕也,害也。”

莫春:暮春。

春服:即夹衣。

冠者:冠,礼帽。周制二十而冠,表示成为成年人。

童子:未成年男孩。

舞雩:古代祭天求雨之处,有树木,有坛,坛高三丈。

【译文】

子路、曾皙、冉有、公西华四个人陪孔子坐着。

孔子说:“我年龄比你们大一些,不要因为我年长而不敢说真话。平时你们就说:‘没有人了解我。’如有人了解你们,想用你们,那你们怎么办呢?”

子路率直急速地回答说:“一个拥有一千辆兵车的国家,夹在大国中间,外有别国的侵犯,内有饥荒,让我去治理,只要三年,可使百姓勇敢,而懂得礼义。”

孔子听了,微微一笑。

孔子又问:“冉求,你怎么样?”

冉求回答说："方圆六七十里或五六十里的小国，让我去治理，等到三年，可使百姓富足。至于礼乐教化，那要等君子来施行了。"

孔子又问："公西赤，你怎么样？"

公西赤回答说："不敢说我能够做到，而是愿意学习。在宗庙祭祀或者同别国的盟会中，我愿意穿着礼服，做一个小小的司仪。"

孔子又问："曾点，你怎么样？"这时曾点弹瑟的声音渐渐放慢，接着铿一声把瑟放下，离开瑟站起来，回答说："我的志向和他们三位所选的不同。"

孔子说："那有什么关系呢？只不过是各自讲自己的志向而已。"

曾皙说："暮春三月，春天的衣服已经穿上，我和五六位成年人，六七个少年，在沂河里洗洗澡，在舞雩台上吹吹风，一路唱着歌走回来。"

孔子长叹一声说："我赞同曾点的想法。"

子路、冉有、公西华三个人都出去了，曾皙后走，他问孔子说："他们三个人的话怎么样？"

孔子说："也不过是各自谈谈自己的志向罢了。"

曾皙说："老师为什么笑仲由呢？"

孔子说："治理国家应当讲求礼让，可他的话一点也不谦让，所以笑他。"

曾皙又问："那么冉求讲的不是治理国家吗？"

孔子说："怎见得方圆六七十里或者五六十里的地方就不是国家呢？"

曾皙问："公西赤讲的不是治理国家吗？"

孔子说："宗庙祭祀，诸侯会盟，不是诸侯的国事又是什么？公西赤如果只能做小相，那谁能做大相呢？"

12. 颜渊

12.1 颜渊问仁。子曰:"克己复礼为仁。一日克己复礼,天下归仁焉。为仁由己,而由人乎哉?"

颜渊曰:"请问其目。"子曰:"非礼勿视,非礼勿听,非礼勿言,非礼勿动。"

颜渊曰:"回虽不敏,请事斯语矣。"

【注】

克己:克制自己。《集解》:"马曰:'克己,约身也。'孔曰:'复,反也。身能反礼,则为仁矣。'故曰克己复礼为仁。"

归:称许。《集注》:归,犹与也。有言一日克己复礼,则天下之人皆与其仁。"按:此"与"即"称许"。

敏:聪明。不敏,不聪明。

事:从事。

斯:这。

请:愿意。

【译文】

颜渊问什么是仁。孔子说:"克制自己,使言行符合礼就是仁。一旦言行符合礼,天下人都会称许你是仁人。实践仁德全靠自己,难道还靠别人吗?"

颜渊说:"请问实践仁德的细目。"孔子说:"不合礼的不看,不合礼的不听,不合礼的不说,不合礼的不做。"

颜渊说:"我虽然不聪明,愿意实行您这些话。"

12.2 仲弓问仁。子曰:“出门如见大宾,使民如承大祭。己所不欲,勿施于人。在邦无怨,在家无怨。”

仲弓曰:“雍虽不敏,请事斯语矣。”

【注】

见大宾:接见贵宾,指各诸侯国来访的使节。

在邦:指在诸侯国做官。

在家:在卿大夫家做事。

《正义》:“在邦谓仕于诸侯之邦。在家谓仕于卿大夫家也。”

无怨:不怨天尤人。

雍:冉雍,字仲弓,孔子弟子。

【译文】

仲弓问什么是仁。孔子说:“出门做事要像接见诸侯国的使节那样恭敬严肃,役使民众要像进行重大祭祀典礼那样小心谨慎。自己不愿要的,不要强加给别人。在诸侯国做官不要有怨恨,在卿大夫家做事也没人怨恨。”

仲弓说:“我虽然不聪明,也一定照这些话去做。”

12.3 司马牛问仁。子曰:“仁者,其言也讱。”

曰:“其言也讱,斯谓之仁已乎?”子曰:“为之难,言之得无讱乎?”

【注】

司马牛:姓司马,名耕,字子牛,孔子弟子。

讱(rèn):难,这里指言语迟钝。《史记·仲尼弟子列传》载:“(司马)牛多言而躁。”孔子是针对他的缺点而说的。

斯:就。《集注》:“讱,忍也,难也。仁者心存而不放,故其言有所忍,而不易发……夫子以牛多言而躁,故告之以此。”

【译文】

司马牛问什么是仁。孔子说:“仁人,他的言语谨慎迟钝。”

司马牛又问:“言语谨慎迟钝就可以称为仁吗?”孔子说:“做起来难,说起来能不谨慎迟钝吗?”

12.4 司马牛问君子。子曰:“君子不忧不惧。”

曰:“不忧不惧,斯谓之君子已乎?”子曰:“内省不疚,夫何忧何惧?”

【注】

问君子:问关于君子的问题。

省:反省,自我检查。

疚:内心痛苦,惭愧。

【译文】

司马牛问什么样的人才算是君子。孔子说:“君子不忧愁,不恐惧。”

司马牛说:“不忧愁,不恐惧,就可以说是君子吗?”孔子说:“内心省察而不觉得愧疚,又有什么忧愁和恐惧呢?”

12.5 司马牛忧曰:“人皆有兄弟,我独亡。”子夏曰:“商闻之矣:死生有命,富贵在天。君子敬而无失,与人恭而有礼。四海之内,皆兄弟也,君子何患无兄弟也?”

【注】

亡:同“无”。

商:卜商是子夏自称。

敬:慎重。《玉篇》:“敬,慎也。”

四海之内:古人认为中国四周有海,所以称中国为“海内”,外国为“海外”。四海之内皆兄弟，在当时以至今天都是很先进的思想。

【译文】

司马牛忧愁地说：“别人都有兄弟，唯独我没有。子夏说：“我听说：死和生都是由命运决定的，富和贵是由上天安排的。君子做事慎重而无过错，对人恭敬而有礼。四海之内的人都是兄弟，君子又何必担心没有兄弟呢？”

12.6 子张问明。子曰：“浸润之谮，肤受之愬，不行焉，可谓明也已矣。浸润之谮，肤受之愬，不行焉，可谓远也已矣。”

【注】

明：明智，即明辨是非。此处指能知遇贤人。《荀子·解蔽》：“传曰：“知贤之为明……”

谮：谗言。浸润之谮，像水浸润土地那样不易觉察的谗言。

愬：诬告。肤受之愬，像皮肤感受到疼痛那样的诬告。《集解》：“郑曰：‘谮人之言如水之浸润，皮肤受尘亦渐以成之，使人不觉知也。’”

【译文】

子张问怎样才算明智的。孔子说：“像水浸润一样逐渐起作用的谗言，像玷污皮肤的污秽一样明显的谗言，对他都行不通，那可以说是明智的啊。像水浸润一样逐渐起作用的谗言，像玷污皮肤的污秽一样明显的谗言，对他都行不通，这可以说是有远见了。”

12.7 子贡问政。子曰：“足食，兵足，民信之矣。”

子贡曰：“必不得已而去，于斯三者何先？”曰：“去兵。”

子贡曰：“必不得已而去，于斯二者何先？”曰：“去食。自古皆有死,民无信不立。”

【注】

政:怎样理政,为政之道。

足食:使粮食充足。

兵:兵器,军备。

民信之:之,指代为政者,即政府。

民无信不立:“不立”,指政府立不住。《集注》:“民无食必死,然死者,人之所必不免,无信,则虽生而无以自立,不若死之为安。故宁死而不失信于民,使民亦宁死而不失信于我也。”

【译文】

子贡问为政之道。孔子说:“使粮食充足,军备充足,百姓对政府信任。”

子贡说:“如果不得已要去掉一项,在这三项中先去掉哪一项?”孔子说:“去掉军备。”

子贡说:“如果不得已要去掉一项,在这两项中先去掉哪一项?”孔子说:“去掉粮食。自古以来,人都要死,政府如果得不到民众信赖,就立不住。”

12.8 棘子成曰:“君子质而已矣,何以文为?”子贡曰:“惜乎,夫子之说君子也!驷不及舌。文犹质也,质犹文也。虎豹之鞟犹犬羊之鞟。”

【注】

棘子成:卫国大夫,古代大夫都可以被尊称为“夫子”,所以子贡称他为“夫子”。

质:本质。

文:文彩

驷不及舌:驷,套着四匹马的车。话一出口,乘四匹马拉的车也追不回来。与“一言既出,驷马难追”意同。

鞟(kuò):去掉毛的兽皮。《集注》:“鞟,皮去毛者也。言文质等耳,不可相无,若必尽去其文而独存其质,则君子小人无以辨矣。夫棘子成矫当时之弊,又无本末轻重之差,胥失之矣。”按:胥:都,皆。

【译文】

卫国大夫棘子成说:“君子只要本质好就够了,要那些文彩干什么?”子贡说:“可惜呀,先生这样谈论君子!一言既出,驷马难追。文彩就是实质,实质就是文彩。(文与质同样重要),如果去掉虎、豹皮的毛,那和犬羊的皮革就很少有区别了。”

12.9 哀公问于有若曰:“年饥,用不足,如之何?”

有若对曰:“盍彻乎?”

曰:“二,吾犹不足,如之何其彻也?”

对曰:“百姓足,君孰与不足?百姓不足,君孰与足?”

【注】

哀公:鲁哀公。

年饥:年成不好,饥荒。

用:财用。

盍:兼词,“何”“不”的合音。

彻:《集解》:“周法,什一而税谓之彻。彻,通也,为天下之通法也。”按:什一:十分之一。

二:十分抽二。《集注》:“二,即所谓什二也。公以有若不喻其意,故言此以示加赋之意。

孰与:何如,怎么会。

【译文】

哀公问有若:"年成不好,财用不足,怎么办?"有若回答说:"为什么不实行十分抽一的税制?"

哀公说:"十分抽二,我尚且不够,怎么能十分抽一呢?"

有若答道:"老百姓富足了,国君怎么会不富足呢?老百姓不富足,国君怎么会富足呢?"

12.10 子张问崇德、辨惑。子曰:"主忠信,徙义,崇德也。爱之欲其生,恶之欲其死,既欲其生,又欲其死,是惑也。'诚不以富,亦祇以异'。"

【注】

崇德:提高道德修养。

主忠信:以忠诚信实为主。

徙义:《集解》:"徙义,见义则徙意而从之。"按:据此可知"徙"有"迁徙"义和"趋向"义。《说文解字》:"徙,趋也。"

诚不以富,亦祇以异:引自《诗经·小雅·我行其野》。《集注》:"程子曰:'此错简,当在第十篇'齐景公有马千驷'之上'。"按:此句确为错简,作为本章的末句,各家都解释不通,移于《季氏》篇第十二章"其斯之谓与"之上则文意通顺。

【译文】

子张问怎样提高道德修养,明辨疑惑。孔子说:"以忠诚信实为主,若见正义之事就改变原心意而顺从正义,行正义之事就可提高道德修养。爱一个人就希望他长寿,厌恶一个人时,又希望他死去。既希望他长寿,又希望他死去,这就是迷惑。《诗经》上说:'即使你不是嫌贫爱富,也是喜新厌旧。'"

12.11 齐景公问政于孔子。孔子对曰:"君君,臣臣,父父,子子。”公曰:“善哉!信如君不君,臣不臣,父不父,子不子,虽有粟,吾得而食诸?”

【注】

君君:国君要像个国君。前“君”名词,国君;后“君”,名词用作动词,作(像)国君。

信:确实。

粟:谷子,去壳后称小米。此处泛指粮食。

诸:兼词,“之”“乎”的合音。

【译文】

齐景公向孔子问治国之道。孔子回答说:“国君要像个国君,臣子要像个臣子,父亲要像个父亲,儿子要像个儿子。”齐景公说:“说得好极了!确实如果国君不像国君,臣子不像臣子,父亲不像父亲,儿子不像儿子,即使有粮食,我能吃得到吗?”

12.12 子曰:“片言可以折狱者,其由也与?”

子路无宿诺。

【注】

片言可以折狱:《集解》:“孔曰:‘片,犹偏也。听讼必须两辞以定是非,偏信一言以折狱者,唯子路可也。’”折狱,即断案。《说文解字》:“折,断也。”

宿诺:《正义》:“宿,久留也。诺者,应也。子路有闻即行,故无留诺。”

《集释》引《四书诠义》:“此称子路有服人之德,非称子路有断案之才也。”

【译文】

孔子说:“根据诉讼双方中一方的言辞就可以断案的,大概只有仲由吧?”

子路应诺的事,立即兑现,从不拖延。

12.13 子曰:“听讼,吾犹人也。必也使无讼乎?”

【注】

听讼:听理诉讼。听,听理,审理。《正义》:“听讼者,言听其所讼之辞,以判曲直也。”

【译文】

孔子说:“审理诉讼案件,我和别人差不多。一定要做到没有诉讼发生才好。”

12.14 子张问政。子曰:“居之无倦,行之以忠。”

【注】

居:居官位。

行:执行政令。

【译文】

子张向孔子请教政事。孔子说:“身居官位不疲倦懈怠,要忠诚地执行政令。”

12.15 子曰:“博学于文,约之以礼,亦可以弗畔矣夫!”

【注】

此章重出,已见于《雍也》第二十七章。

12.16 子曰:“君子成人之美,不成人之恶。小人反是。”

【注】

美:美事,好事。

恶:坏事。“美”“恶”之后都省“事”字,用定语“美”“恶”代中心词“事”。

【译文】

孔子说:“君子成全别人的好事,不促成别人的坏事。小人却与此相反。”

12.17 季康子问政于孔子。孔子对曰:“政者,正也。子帅一正,孰敢不正?”

【注】

帅:同“率”,率领。《集解》:“郑曰:‘季康子,鲁上卿,诸臣之帅也。’”《集注》:“未有己不正而能正人者。”

【译文】

季康子向孔子问为政治国之道。孔子回答说:“政,就是端正。你带头端正自己,谁敢不端正?”

12.18 季康子患盗,问于孔子。孔子对曰:“苟子之不欲,虽赏之不窃。”

【注】

欲:贪欲,此指贪财。《集注》:“言子不贪欲,虽赏民使之为盗,民亦知耻而不窃。”

【译文】

季康子苦于鲁国盗贼猖獗,问孔子怎么办。孔子回答说:“假如你能不贪财,即使奖励偷盗,也不会有人偷盗。”

12.19 季康子问政于孔子曰:“如杀无道,以就有道,何如?”孔子对曰:“子为政,焉用杀?子欲善而民善矣。君子之德风,小人之德草。草上之风必偃。”

【注】

无道:暴虐而没有才德的人。

就:亲近。

有道:有道的好人。

偃:倒伏。

【译文】

季康子向孔子请教政事,说:“如果杀掉无道的坏人,亲近有道的好人,怎么样?”孔子回答说:“你治国理政,为什么要用杀人的办法?你想做好人,老百姓也会跟着好起来。执政者的道德像风,老百姓的道德像草,风吹在草上,草必然会顺风倒伏。”

12.20 子张问:“士何如斯可谓之达矣?”子曰:“何哉,尔所谓达者?”子张对曰:“在邦必闻,在家必闻。”子曰:“是闻也,非达也。夫达也者,质直而好义,察言而观色,虑以下人。在邦必达,在家必达。夫闻也者,色取仁而行违,居之不疑。在邦必闻,在家必闻。”

【注】

士:指春秋时代以来,新出现的知识分子阶层。

达:通达,显达。

邦:诸侯统治的国家。

家:大夫的封地。

闻:有名望,有声誉。

虑以下人:考虑对别人谦虚。下人,下于人,居于人下,指对人谦恭有礼。《集解》:“马曰:‘常有谦退之志,察言语,观颜色,知其所欲,其志虑常欲以下人也。’”

【译文】

子张问:“士怎样才可称作通达?”孔子说:“你所说的通达是什么意思?”子张回答说:“在诸侯之国做官一定有名望,在卿大夫的封地做官也一定有名望。”孔子说:“这是有名望,不是通达。所谓通达,是品质正直,爱好礼义,善于察言观色,时刻想着谦下待人。这种人在诸侯之国做官通达,在卿大夫封地做官通达。所谓有名望的人,只是表面上装出仁德的样子,而行动上却往往违背仁德,却以仁人自居而不被怀疑。这种人在诸侯之国做官有名望,在卿大夫封地做官有名望。”

12.21 樊迟从游于舞雩之下,曰:“敢问崇德,修慝,辨惑。”子曰:“善哉问!先事后得,非崇德与?攻其恶,无攻人之恶,非修慝与?一朝之忿,忘其身,以及其亲,非惑与?”

【注】

舞雩:地名,祭天求雨的地方,在今山东曲阜南。

修:治,这里指改正。

慝:隐藏在心里的恶念。

敢问:敢,谦词,冒昧。《议礼·上虞礼》郑玄注:“敢,昧冒之辞。”

攻:批判,检讨。

攻其恶:其,自己。忿:愤恨,愤怒。

【译文】

樊迟陪伴孔子在舞雩台下游览,说:“请问怎样提高品德,去除邪念,明辨迷惑?”孔子说:“问得好!先努力做事,然后考虑自己的所得,这不是提高了品德吗?检讨自己的错误,不去批判别人的缺点,这不就消除邪念了吗?因一时的愤怒,忘了自身安危,甚至连累了亲人,这不就是迷惑吗?”

12.22 樊迟问仁。子曰:“爱人。”问知。子曰:“知人。”樊迟未达。子曰:“举直错诸枉,能使枉者直。”樊迟退,见子夏曰:“乡也吾见于夫子而问知,子曰:‘举直错诸枉,能使枉者直’,何谓也?”

子夏曰:“富哉言乎!舜有天下,选于众,举皋陶,不仁者远矣。汤有天下,选于众,举伊尹,不仁者远矣。”

【注】

问知:知,同“智”。

知人:善于识别各种人。知,了解。

举直错诸枉:举,推荐,举荐,错:通“措”,放置,置放;诸:“之”“于”的合音;枉:弯曲,引申为邪曲,不正直。

乡:同“向”,刚才。

皋陶(yáo):舜时掌管刑法的官员。

汤:商代开国之君。

伊尹:商汤的相。

【译文】

樊迟问什么是仁。孔子说:“爱人。”樊迟又问什么是知。孔子说:“了解别人。”樊迟没完全明白。孔子说:“举荐正直的人,把他的职位放在邪曲之人的上面,能使邪曲之人变成正直。”樊迟退了出来,见到子夏说:“刚才我去见老师,问他什么是智,老师说:‘举荐正直的人,把他的职位放在邪曲之人的上面,能使邪曲之人正直。’这是什么意思?”

子夏说:“这句话的内涵多么丰富啊!舜有了天下,在众人中选拔人才,把皋陶推举出来,不仁的人就远离了。商汤有了天下,在众人中选拔人才,把伊尹推举出来,不仁的人就远离了。”

12.23 子贡问友。子曰:“忠告而善道之,不可则止,毋自辱焉。”

【注】

友:交友之道。

道:同“导”,引导。

忠告:《集解》:“忠告,以是非告之也。以善道导之,不见从则止。必言之或见辱。”

【译文】

子贡问怎样交友。孔子说:“忠心地劝告他,善意地引导他,如果他不听从就停止劝告,不要自找侮辱。”

12.24 曾子曰:“君子以文会友,以友辅仁。”

【注】

文:文章,学问。《集解》:“友以文德合也。友有相切磋之道,所以辅成己之仁。”

【译文】

曾子说:“君子用文章学问来结交朋友,依靠朋友辅助自己培养仁德。”

13. 子路

13.1 子路问政。子曰:“先之,劳之。”请益。曰:“无倦。”

【注】

问政:问为政之道。

先之:之,代百姓。做在百姓之先,给百姓带头。

劳之:使百姓勤劳工作。

益:增加。《集解》:“先导之以德,使民信之,然后劳之。《易》曰:‘说以使民,民忘其劳。’”按:“说”同“悦”。

【译文】

子路问为政之道。孔子说:“先给老百姓带头,然后使百姓勤劳工作。”子路请求多讲一点。孔子说:“不要懈怠。”

13.2 仲弓为季氏宰,问政。子曰:“先有司,赦小过,举贤才。”曰:“焉知贤才而举之?”子曰:“举尔所知。尔所不知,人其舍诸?”

【注】

宰:大夫采邑的家臣或家臣总管。

先:前导,引导。

有司:负责具体事务的官吏。《集注》:“有司,众职也。宰兼众职,然事必先之于彼,而后考其成功,则事不劳而事毕举矣。”按:“先之于彼”即“先之于有司”。

【译文】

仲弓做了季氏的家臣总管,问为政之道。孔子说:“给下属官吏带头,赦免他们的小过失,举荐贤良人才。”

仲弓说:“怎么知道是优秀人才而举荐他呢?”孔子说:“举荐你所知道的贤才。你不知道的贤才,难道别人会舍弃他们吗?”

13.3 子路曰:“卫君待子而为政,子将奚先?”

子曰:“必也正名乎!”

子路曰:“有是哉,子之迂也!奚其正?”

子曰:“野哉,由也!君子于其所不知,盖阙如也。名不正,则言不顺;言不顺,则事不成;事不成,则礼乐不兴;礼乐不兴,则刑罚不中,则民无所措手足。故君子名之必可言也,言之必可行也。君子于其言,无所苟而已矣。”

【注】

卫君:此时卫君是卫灵公之孙蒯辄,“待子而为政”的就是卫君辄。这时卫国正在闹父子争国。卫灵公晚年,太子蒯聩得罪了灵公之宠姬南子,卫灵公把他驱逐出国,但没取消他的太子名分。卫灵公死,南子等主持立灵公之孙蒯辄。蒯聩在国外图谋复国,而且有晋国权臣赵鞅支持,后来复国成功,把蒯辄逐出卫国。此时,新国君辄请孔子到卫国帮助治理国政。子路问孔子,到任后要先做什么,孔子提出为政的第一要义是“正名”——正“君君,臣臣,父父,子子”之名,即准备支持父亲蒯聩,不支持儿子辄。此时,辄正在掌权,蒯聩尚未复国,孔子坚持“正名”而“无所措手足”,不久就回了鲁国。《集注》:“出公不父其父而称其祖,名实紊矣,故孔子以正名为先。”按:“出公”即辄。

盖阙如也:盖,发语词,无实义;阙,同“缺”,存疑;如,形容词词尾,表示“……的样子”。

中(zhòng):得当,适中。

错:同"措"。

【译文】

子路对孔子说:"卫国国君等待您去治理国政,您首先要做什么?"

孔子说:"一定要先正名分!"

子路说:"有这种想法,老师您太迂腐了!名分怎么正呢?"

孔子说:"仲由,你真鲁莽!君子对于他所不知道的事情,总是采取存疑的态度。名分不正,说话就不顺当合理,说话不顺当合理,事情就办不成;事情办不成,礼乐就不能兴盛;礼乐不兴盛,刑罚的执行就不得当;刑罚不得当,百姓就不知怎么办好。所以,君子定下名分,说话才能顺当合理,说出来才一定能行得通。君子对于自己的言论,是从不随便马虎的。"

13.4 樊迟请学稼。子曰:"吾不如老农。"请学为圃。曰:"吾不如老圃。"

樊迟出。子曰:"小人哉,樊须也!上好礼,则民莫敢不敬;上好义,则民莫敢不服;上好信,则民莫敢不用情。夫如是,则四方之民襁负其子而至矣,焉用稼?"

【注】

稼、圃:《集注》:"种五谷曰稼,种菜蔬曰圃。"

上:在上位的人,统治者。

用情:用真心实情对待。

襁:背婴儿用的宽布带。

【译文】

樊迟请求学种庄稼。孔子说:"我不如老农民。"樊迟又请求学种蔬菜。孔子说:"我不如老菜农。"

樊迟退出后。孔子说:"樊迟真是个小人啊!居上位的人只要重视礼，百姓就不敢不敬畏；居上位的人只要重视义，百姓就不敢不服从；居上位的人只要重视信，百姓就不敢不用真心实情来对待。做到这样，四方百姓就会用襁褓背着婴儿来投奔，哪里还用得着自己种庄稼呢？”

13.5 子曰：“诵《诗》三百，授之以政，不达；使于四方，不能专对；虽多，亦奚以为？”

【注】

不能专对：《译注》：“古代的使节，只接受使命，至于如何去交涉应对，只能随机应变，独立行事，不能事事请示或者在国内一切安排好，这便叫‘受命不受辞’，也就是这里的‘专对’。同时春秋时代的外交酬酢和谈判，多半背诵诗篇来代替语言，所以《诗》是外交人才的必读书。”

亦奚以为：以，动词，用；为，表疑问的语气词，但只跟“奚”“何”诸字连用，如“何以文为”“何以伐为”。

【译文】

孔子说：“熟读《诗经》三百篇，交给他政治任务，却办不了；派他出使四方的诸侯国，又不能独自随机应答。书虽然读得多，又有什么用呢？”

13.6 子曰：“其身正，不令而行；其身不正，虽令不从。”

【译文】

孔子说：“执政者自身行为正当，即使不发布命令，百姓也会行动起来；自身行为不正当，即使发布命令，百姓也不会服从。”

13.7 子曰：“鲁、卫之政，兄弟也。”

【译文】

孔子说:“鲁国的政治和卫国的政治,像兄弟一样大致相同。”

13.8 子谓卫公子荆:“善居室。始有,曰:‘苟合矣。’少有,曰:‘苟完矣。’富有,曰:‘苟美矣。’”

【注】

卫公子荆:卫国大夫,字南楚,卫献公之子。

苟:差不多。

善居室:善于居家理财。

《集注》:“苟,聊且粗略之意。合,聚也。完,备也。言其循序而有节,不以欲速尽美累其心。”

【译文】

孔子评论卫公子荆说:“他善于居家理财。刚开始有点财富,就说:‘差不多足够了。’稍微增加一点财富,就说:‘差不多完备了。’财富更多一点,就说:‘差不多完美了。’”

13.9 子适卫,冉有仆。子曰:“庶矣哉!”

冉有曰:“既庶矣,又何加焉?”曰:“教之。”

【注】

适:到,去,前往。《尔雅·释诂》:“适,往也。”

仆:赶车。《集注》:“仆,御车也。”

庶:众多。《集解》:“庶,众也。言卫人众多。”

富之:使之富。《注疏》:“‘富之’者,孔子言当施舍薄敛,使之衣食足也。”

教之:教育民众。

【译文】

孔子到卫国去，冉有赶车。孔子说："人口真多啊！"冉有说："人口已经够多了，还要再做什么呢？"孔子说："使他们富起来。"冉有说："已经富裕了，再增加什么呢？"孔子说："教化他们。"

13.10 子曰："苟有用我者，期月而已可也，三年有成。"

【注】

期(jī)月：一年。《集释》引皇疏："期月，谓年一周也。"

已可也：已，一定，必然。《汉书·灌夫传》："(灌)夫不好文学，喜任侠，已然诺。"颜师古注："已，必也。"可，认可，肯定。

【译文】

孔子说："假如一位国君用我主持国政，一年必然取得人们认可的成绩，三年就可以成功。"

13.11 子曰："善人为邦百年，亦可以胜残去杀矣。诚哉是言也！"

【注】

胜残去杀：《集注》："胜残，化残暴之人，使不为恶也。去杀，谓化于善，可以不用刑杀也。盖古有是言，而夫子称之。"

【译文】

孔子说："善人治国一百年，就可以战胜残暴，废除刑罚杀戮了。这话真对啊！"

13.12 子曰："如有王者，必世而后仁。"

【注】

世：《集解》："孔曰：'三十年曰世。如有受命王者，必三十年仁政乃成。'"

仁:推行仁政。

【译文】

孔子说:"如果有圣明的君主,也一定要三十年才能在天下推行仁政。"

13.13 子曰:"苟正其身矣,子从政乎何有? 不能正其身,如正人何?"

【注】

何有:惯用语,表示没有什么困难。

如正人何:如何正人。《集释》引皇侃疏:"从政者以正人为事也。身不正,那能正人乎?"

【译文】

孔子说:"如果能端正自身,对于从政还有什么困难呢? 不能端正自身,怎么端正别人呢?"

13.14 冉有退朝。子曰:"何晏也?"对曰:"有政。"子曰:"其事也。如有政,虽不吾以,吾其与闻之。"

【注】

冉有退朝:《集注》:"冉有时为季氏宰,朝,季氏之私朝也。宴,晚也。政,国政。事,家事。以,用也。礼,大夫虽不治事,犹得与闻国政。"按:孔子问冉有为何下朝晚,冉有以"有政"敷衍、欺骗。孔子指出并非鲁国之政,而是季氏的家事。

【译文】

冉有退朝回来。孔子说:"为什么回来这么晚?"

冉有回答说:"有政务。"孔子说:"那只是季氏的家事。如果有政务,虽然我不在朝任职,我也会知道的。"

13.15 定公问:“一言而可以兴邦,有诸?”孔子对曰:“言不可以若是,其几也。人之言曰:‘为君难,为臣不易。’如知为君之难也,不几乎一言而兴邦乎?”

曰:“一言而丧邦,有诸?”孔子对曰:“言不可以若是,其几也。人之言曰:‘予无乐乎为君,唯其言而莫予违也。’如其善而莫之违也,不亦善乎?如不善而莫之违也,不几乎一言而丧邦乎?”

【注】

定公:鲁定公在位15年,孔子于定公十年至定公十四年(前500—前496)为鲁司寇。

言不可若是,其几也:“几”:此句有两解:①近,几也。《集解》:“以其大要,一言不能正兴国也。几,近也。有近一言可兴国也。”又《集释》引皇侃疏:“几,近也。言一言虽不可即使兴,而有可近于兴邦者,故云‘其几也’。”②近,期也。《集注》:“几,期也。《诗》曰:‘如几如式’。言一言之间,未可以如此而必期其效。”

《集释》程按:“《尔雅·释诂》:‘几,近也。’《易》:“月几望。”《诗》:“维其几矣”。“几”,并训“近”。“几期也”三字虽可连上读而训为“期”,仍不如训“近”之明晰。

莫予违:莫违予。

莫之违:莫违之。两句都是否定句。古汉语中,否定句的宾语如果是代词,就要将代词宾语提到动词之前。

【译文】

鲁定公问:“一句话可以使国家兴盛,有这样的话吗?”孔子回答说:“说话不可以这么绝对,但有近于这样的话。有人说:‘做君难,做臣不易。’如果知道了做君的难处,这不近于一句话可以使国家兴盛吗?”

鲁定公又问:“一句话可以亡国,有这样的话吗?”孔子回答说:

“说话不可以这么绝对,但有近于这样的话。有人说过:‘我做君主并没有什么可高兴的,我所高兴的只在于我所说的话没有人敢违抗。’如果说得对而没有人违抗,不也很好吗?如果说得不对而无人违抗,那不就近于一句话可以亡国吗?”

13.16 叶公问政。子曰:“近者说,远者来。”

【注】

叶(shè)公:春秋时楚国大夫,名沈诸梁,字子高,因封地在叶,故称叶公。

说:同“悦”。

【译文】

叶公问孔子怎样管理政事。孔子说:“使近处的人高兴,使远处的人归附。”

13.17 子夏为莒父宰,问政。子曰:“无欲速,无见小利。欲速则不达,见小利则大事不成。”

【注】

莒父:地名,鲁国的一个城邑。

宰:大夫采邑的总管。

【译文】

子夏做莒父宰,问怎样管理政事。孔子说:“不要追求快,不要贪求小利。如果只追求速度,就会达不到预期的效果,贪图小利就做不成大事。”

13.18 叶公语孔子曰:“吾党有直躬者,其父攘羊,而子证之。”孔子曰:“吾党之直者异于是:父为子隐,子为父隐,直在其中矣。”

【注】

党:周制500户为一党。吾党,泛指我们的家乡。

直躬:《集解》:“直躬,直身而行。”按:“直躬者”即正直的人。

攘:偷窃。《集解》:“有因而盗曰攘。”

证:举证,告发。

父为子隐,子为父隐:隐,隐瞒。《集注》:“父子相隐,天理人情之至也。故不求为直,而直在其中。”古代法律也允许亲人之间的隐讳。汉宣帝诏曰:“自今子首匿父母,妻匿夫,孙匿大父母,皆勿坐。父母匿子等,殊死以下,皆不上请。”

近代以来,有人想用西方的法制理念否定孔子的思想。但国人很恰当地处理了这一问题,既不承认“父子相隐”合法,也没追究根源。孔子仍然是中国人的“万世师表”。

早期儒家的“仁爱”就是由“亲亲”发展而来。《中庸》:“子曰:‘修道以仁。仁者,人也,亲亲为大。’”孔子认为父母子女之间的感情是最切近的。仁爱,就是从“亲亲”之情发展扩人而来。家庭和睦了,良好的社会秩序才能形成。如果父子之间互相告发,不符合人的正常情感,连最起码的亲情都没有,怎能忠君爱民。

孔子认为“亲亲”要符合“义”。《中庸》:“子曰:‘义者,宜也。尊贤为大。’”要求亲人之间,君臣之间,百姓之间的关系要符合“义”。

【译文】

叶公告诉孔子说:“我的家乡有个正直的人,他的父亲偷了人家的羊,他告发了父亲。”孔子说:“我家乡的正直的人和你说的正直的人不一样:父亲为儿子隐瞒,儿子为父亲隐瞒。正直就在其中了。”

13.19 樊迟问仁。子曰:“居处恭,执事敬,与人忠。虽之夷狄,不可弃也。”

【注】

居处恭:平日在家态度端正恭敬。

执事敬:办事严肃认真。

夷狄:我国古代称东方的少数民族为夷,称北方的少数民族为狄。

【译文】

樊迟问什么是仁。孔子说:“平日在家态度端庄恭敬,办事严肃认真,对人忠诚。即使到边远的夷、狄地区,这些原则也不能废弃。”

13.20 子贡问曰:“何如斯可谓之士矣?”子曰:“行已有耻,使于四方,不辱君命,可谓士矣。”

曰:“敢问其次。”曰:“宗族称孝焉,乡党称弟焉。”

曰:“敢问其次。”曰:“言必信,行必果,硁硁然小人哉!抑亦可以为次矣。”

曰:“今之从政者何如?”子曰:“噫!斗筲之人,何足算也?”

【注】

斯:才,就。

行已有耻:对自己的行为有羞耻之心。《集解》:“孔曰:‘有耻者,有所不为。’”

弟(tì):同“悌”,尊敬兄长。

果:果断,坚决。

硁(kēng)硁:敲击石头的声音,这里引申为坚硬固执。

小人:孔子认为不问是非,一味坚持“言必信,行必果”,这是固执而浅薄的小人。

斗筲之人:比喻气量狭小的人。

斗:古代量器,一斗十升。

筲(shāo):古代饭筐,能容五升。

《集注》:"果,必行也。硁,小石之坚确者。小人,言其识量之浅陋也。此其本末皆无足观,然亦不害其为自守也,故圣人犹有取焉。下此则市井之人,不复可为士矣。"

【译文】

子贡问道:"怎样才可以称之为士?"孔子说:"对自己的行为有知耻之心,出使到各诸侯国不辜负国君的使命,这样的人可以称作士了。"

子贡说:"请问次一等的士呢?"孔子说:"宗族的人称赞他孝敬父母,同乡的人称赞他尊敬兄长。"

子贡说:"请问再次一等的呢?"孔子说:"说话一定算数,做事一定果断,这虽是固执而浅薄的小人,但也可以说是再次一等的士了。"

子贡说:"现在的执政者怎么样?"孔子说:"唉!这些器量狭小的人,哪能够得上士呢?"

13.21 子曰:"不得中行而与之,必也狂狷乎!狂者进取,狷者有所不为也。"

【注】

中行:行为合乎中庸之道。中庸乃儒家道德标准,指做人处事守正不偏,无过不及。

与:相与,交往。

狷(juàn):狷介,指性格正直,不肯同流合污的人。

《集注》:"行,道也。狂者志极高而行不掩,狷者知未及而守有余。盖圣人本欲得中道之人而教之,然不可得而徒得谨厚之人,则未必能自振拔而有为也。故不若得此狂狷之人,犹可因其志节而激励裁抑之,以进于道,非与其终于此而已也。"

【译文】

孔子说:"找不到言行合乎中庸之道的人交往,那只有与激进的人、正直的人交往了!激进的人锐意进取,正直的人不肯做坏事。"

13.22 子曰:"南人有言曰:'人而无恒,不可以作巫医。'善夫!""不恒其德,或承之羞。"子曰:"不占而已矣。"

【注】

南人:《集解》:"孔曰:'南人,南国之人也。'"

而:如果。

恒:恒心。

巫医:用卜筮替人治病的人。

不恒其德,或承之羞:这两句是《周易·恒卦》的爻辞,意思是不能长久地保持自己的德行,总会受人羞辱。

不占:《译说》:"占。"《说文解字》:"占,视兆问也。"意即占卜。《周礼·春官》设有"占人","不占"即不能作视兆象以知吉凶之"卜人"。古代,"巫医"与"卜人"都是社会地位很高的职业。

【译文】

孔子说:"南方人有句话说:'人如果没有恒心,不能作巫医。'这句话好啊!"

"不能恒久地保持自己的德行,总会受人羞辱。"孔子说:"这句话的意思是说,没有恒心的人不能作'卜人'。"

13.23 子曰:"君子和而不同,小人同而不和。"

【注】

《集解》:“君子心和,然其所见各异,故曰不同。小人所嗜好者则同,然各争利,故曰不和。”

【译文】

孔子说:“君子之间和睦团结,但对事情的看法不相同,小人之间的喜好相同,然而各自争利,因而不和。”

13.24 子贡问曰:“乡人皆好之,何如?”子曰:“未可也。”“乡人皆恶之,何如?”子曰:“未可也。不如乡人之善者好之,其不善者恶之。”

【注】

乡:基层行政区划,周制中12 500户为一乡。乡人即全乡的人。

未可也:孔子以为全乡都喜欢某人,这个人可能是不论是非,多方讨好的乡愿(参见《阳货》篇第十三章),所以不能肯定他就是好人。全乡都厌恶某人,这个人可能是具有远见卓识的人才,也不能肯定他就是坏人。可,肯定。《说文解字》:“可,肯也。”

【译文】

子贡问孔子说:“全乡人都喜欢他,这个人怎么样?”孔子说:“不能肯定这个人就好。”

(子贡又问):“全乡人都厌恶他,这个人怎么样?”孔子说:“不能肯定这个人就坏。不如全乡的好人都喜欢他,坏人都厌恶他。”

13.25 子曰:“君子易事而难说也。说之不以道,不说也;及其使人也,器之。小人难事而易说也。说之虽不以道,说也;及其使人也,求备焉。”

【注】

君子:《正义》:“君子、小人,皆谓居位者。”按:这是从道德上进行评价。

说:同“悦”。

易事:《集解》:“不责备于一人,故易事也。”

器之:《集注》:“器之,谓随其材器而用之也。君子之心公而恕,小人之心私而刻,天理人欲之间,每相反而已矣。”

求备:求全责备。备,完备,齐全。

【译文】

孔子说:“君子容易与他共事,却难以讨他喜欢。不用正当的方式去讨他喜欢,他不会欢喜;等到他用人的时候,他能根据才德合理使用。小人难与他共事,却容易使他喜欢,不按正道讨他喜欢,他也会喜欢;等到用人的时候,他便求全责备。”

13.26 子曰:“君子泰而不骄,小人骄而不泰。”

【注】

泰:《论语补疏》:“泰者,通也。君子所知所能,放而达之于世,故云纵泰。似骄,然实非骄也。”

【译文】

孔子说:“君子通达而不骄傲,小人骄傲而不通达。”

13.27 子曰:“刚、毅、木、讷,近仁。”

【注】

《集解》:“王曰:‘刚,无欲;毅,果敢;木,质朴;讷,迟钝。有斯四者近于仁。’”

【译文】

孔子说:“刚强、果敢、质朴,说话谨慎,有了这四种品德,就接近于仁了。”

13.28 子路问曰:“何如斯可谓之士矣?”子曰:“切切偲偲,怡怡如也,可谓士矣。朋友切切偲偲,兄弟怡怡。”

【注】

切切偲偲:互相诚恳批判勉励的样子。《集解》:“马曰:‘切切偲偲,相切责之貌。怡怡,和顺之貌。’”《集注》:“切切,恳到也。偲偲,详勉也。怡怡,和悦也。”

【译文】

子路问道:“怎样才可以叫做‘士’呢?”孔子说:“互相批评勉励,和睦相处,可以叫做士了。朋友之间互相批评勉励,兄弟之间和睦相处。”

13.29 子曰:“善人教民七年,亦可以即戎矣。”

【注】

即戎:《集解》:“包曰:‘即,就也。戎,兵也。言以攻战。’”

教民:《集注》:“教民者,教之以孝悌忠信之行,务农讲武之法。即,就也。戎,兵也。民知亲其上,死其长,故可以即戎。”按:死其长即为其长死。

【译文】

孔子说:“善人教导百姓七年,也就可以参军作战了。”

13.30 子曰:“以不教民战,是谓弃之。”

【注】

《集注》:“以,用也。言用不教之民以战,必有败亡之祸,是弃其民也。”

【译文】

孔子说:“用没有经过军事训练的民众去作战,这叫做抛弃民众。”

14. 宪问

14.1 宪问耻。子曰:“邦有道,谷;邦无道,谷,耻也。”

“克、伐、怨、欲不行焉,可以为仁矣?”子曰:“可以为难矣,仁则吾不知也。”

【注】

《集注》:“宪,原思名。谷,禄也。邦有道不能有为,邦无道不能独善,而但知食禄,皆可耻也。宪之狷介,其于邦无道谷之可耻固知之矣,至于邦有道,谷,之可耻则未必知也,故夫子因其问而并言之。”

克:好胜。

伐:自夸。

怨:怨恨。

欲:贪欲。

【译文】

原宪问什么叫耻辱。孔子说:“国家政治清明,做官拿俸禄;国家政治黑暗,也做官拿俸禄,这就是耻辱。”

原宪又问:“好胜、自夸、怨恨、贪欲四种毛病都没有,可以算是仁人吗?”孔子说:“可以说是难能可贵了,至于是不是仁人,我就不知道了。”

14.2 子曰:“士而怀居,不足以为士矣。”

【注】

怀居:居,家居。怀居即留恋家庭的安逸生活。《集解》:“士当志道不求安,而怀其居,非士也。”

而:如果。

【译文】

孔子说:“士如果留恋家庭的安逸生活,就不配做士了。”

14.3 子曰:“邦有道,危言危行;邦无道,危行言孙。”

【注】

危:直,正直。

孙:同“逊”,谦顺。《集注》:“危,高峻也。孙,卑顺也。”

【译文】

孔子说:“国家政治清明,要言行正直;国家政治黑暗,行为也要正直,但说话要谦顺。”

14.4 子曰:“有德者必有言,有言者不必有德。仁者必有勇,勇者不必有仁。”

【注】

有言:有流传于世的言论、著作。《集释》引李充云:“甘辞利口,似是而非者,佞巧之言也。敷陈成败,合纵连横者,说客之言也。凌誇之谈,多方论者,辩士之言也。德音高合,发为明训,声满天下,若出金石,有德之言也。故有德必有言,有言不必有德。”

仁、勇:《集注》:“仁者心无私累,见义必为,勇者或血气之强而已。”

【译文】

孔子说:“有道德的人必定有言论流传,有言论流传的人不一定有道德。仁德之人必定勇敢,勇敢的人不一定仁德。”

14.5 南宫适问于孔子曰:“羿善射,奡荡舟,俱不得其死。然禹、稷躬稼而有天下。”夫子不答。

南宫适出,子曰:“君子哉若人!尚德哉若人!”

【注】

南宫适(kuò):字子容,亦称南容,孔子弟子。

羿:后羿,夏朝有穷氏的国君。传说他善于射箭,曾夺得夏朝太康的王位,后被其臣寒浞所杀。

奡(ào):传说是寒浞之子,后来被夏后少康所杀。

荡舟:指水战。这里是说奡擅长水战。

稷(jì):周朝国君的祖先,教民种庄稼。

躬稼:亲自种庄稼。躬,身体,引申为自身,亲自。

若人:这个人。若,指示代词,此,这个。

【译文】

南宫适问孔子说:“羿善于射箭,奡善于水战,都不得好死。禹和稷都曾亲自种庄稼,却得到了天下。”孔子没有回答。南宫适出去后,孔子说:“这个人真是君子呀!这个人崇尚道德啊!”

14.6 子曰:“君子而不仁者有矣夫,未有小人而仁者也。”

【注】

君子而不仁:而,却,可是。《集注》:“君子志于仁矣,然毫忽之间,心不在焉,则未免为不仁也。”

【译文】

孔子说:“君子却做出不合乎仁的事情,这是有的;但小人中没有仁德的人。”

14.7 子曰:“爱之,能勿劳乎?忠焉能勿诲乎?”

【注】

劳:《集释》引《吕氏春秋》高诱注:“劳,勉也。”谓爱之则当劝勉之也。“勉”与“诲”义相近,故“劳”与“诲”并称。

焉:“于”“之”的合音。“忠焉”即“忠之于,于之忠”。

【译文】

孔子说:“爱护他,能不勉励他吗?忠于他能不劝告他吗?”

14.8 子曰:“为命,裨谌草创之,世叔讨论之,行人子羽修饰之,东里子产润色之。”

【注】

为命:命,公文。《文心雕龙·诏策》:“昔轩辕唐虞,同称为命”;“其在三代,事兼诰、誓”;“降及七国,并称曰令”。现代叫“公文”,从下文看是指“外交公文”。

裨谌(chén):春秋时郑国大夫。

世叔:即子太叔,名游吉。《集解》:“马曰:‘世叔郑大夫游吉也。讨,治也,裨谌既造谋,世叔复治而论之,详而审之也。’”

子羽:春秋时郑国大臣。

行人:通使诸侯的使者,今称“外交官”。

东里子产:子产居东里,因以为号。子产是郑国的执政者。《左传·襄公三十一年》有郑国起草外交公文的过程叙述,与此文略有不同。

【译文】

孔子说:“郑国制定外交文件,由裨谌起草初稿,世叔审核,外交官子羽修改,东里子产最后润色。”

14.9 或问子产。子曰:“惠人也。”问子西。曰:“彼哉!彼哉!”

问管仲。曰："人也。夺伯氏骈邑三百，饭疏食，没齿而无怨言。"

【注】

或问：或，有。《广雅·释诂一》："或，有也。"或问，有人问。

惠：《集解》："惠，爱也。"《集注》："子产之政不专于宽，然其心则一以爱人为主，故孔子以为惠人，盖举其重而言也。"

子西：郑国的公孙夏，是子产的同宗兄弟，子产继子西主持国政。

彼哉：他呀，是当时表示轻视的习惯语。

人也：《集解》："犹《诗》言'所谓伊人'。"《正义》注："何谓'伊人'，《诗·蒹葭》《白驹》皆有其文……《诗》云'伊人'皆说贤人。管仲为夫子所贤，故以《诗》言譬之。"

夺伯氏骈邑三百：《集释》引皇侃疏："伯氏名偃，大夫。骈邑者，伯氏所食采邑也。时伯氏有罪，管仲相齐，削夺伯氏之地三百家也。"

饭疏食：饭，吃；疏食即"菜食"。

没齿：死。

【译文】

有人问子产这个人怎么样。孔子说："他是对郑国百姓有恩惠的人。"

又问："子西这个人怎么样。"孔子说："他呀！他呀！"

又问管仲这个人怎么样。孔子说："是个人才，他削夺了伯氏骈邑三百户的采邑，此后伯氏虽一直吃蔬菜粗饭，但至死也没有怨言。"

14.10 子曰："贫而无怨难，富而无骄易。"

【注】

《集注》："处贫难，处富易，人之常情。然人当勉其难，而不可忽其易也。”

【译文】

孔子说:“贫困而能没有怨恨是很难做到的,富裕而不骄傲容易做到。”

14.11 子曰:“孟公绰为赵、魏老则优,不可以为滕、薛大夫。”

【注】

孟公绰:鲁国大夫,孔子同时期人,此人廉静寡欲,为孔子所尊敬。

老:《仪礼·士昏礼》郑玄注:“老,群吏之尊者。”贾逵疏:“大夫家臣称老。”《译说》:“家臣是吏,不是官,孔子称之为陪臣,是遵照大夫的指示做具体事情的。而大夫(不论大国小国)则不同,是拿主意,做决定。”孔安国注:“家臣无职”,“职”字很关键。“职”即主宰。《尔雅·释诂上》:“职,主也。”邢昺疏:“为之主宰也。”孟公绰善于根据大夫的指示处理具体事务,而缺乏拿主意、做决定的能力。所以他做大国上卿的家臣则胜任而有余力,而不能做小国的大夫。

优:优裕,力有余裕。

滕、薛:鲁国附近的两个小国,滕在今山东滕州,薛在滕州西南。

【译文】

孔子说:“孟公绰做晋国赵、魏两大夫的家臣是胜任而有余力的,但做滕国和薛国的大夫却不能胜任。”

14.12 子路问成人。子曰:“若臧武仲之知,公绰之不欲,卞庄子之勇,冉求之艺,文之以礼乐,亦可以为成人矣。”曰:“今之成人者何必然?见利思义,见危授命,久要不忘平生之言,亦可以为成人矣。”

【注】

成人:全人,完美无缺的人。

臧武仲:鲁国大夫臧孙纥,非常聪明。他逃到齐国后,齐庄公给他封地,他预见到齐庄公伐晋将身败名裂,就辞去庄公给他的封地。后来庄公被杀,臧武仲没受牵连。

卞庄子:鲁国卞邑大夫,勇士。

公绰:即孟公绰。

冉求:孔子弟子,多才多艺。

久要:长久地处穷困中。要,通“约”,穷困。

文之:使之有文才,修饰。

【译文】

子路问怎样才是完美的人。孔子说:“像臧武仲的智慧,公绰的清心寡欲,卞庄子的勇敢,冉求的多才多艺,再以礼乐陶冶情操文采,就可以说是完美的人了。”接着又说:“今天完美的人何必这样呢?只要见到利能想到义,见到国家危难能不怕牺牲,长久地处于困境之中不忘平生的诺言,也可以说是完美的人了。”

14.13 子问公叔文子于公明贾曰:“信乎?夫子不言、不笑、不取乎?”公明贾对曰:“以告者过也,夫子时然后言,人不厌其言;乐然后笑,人不厌其笑;义然后取,人不厌其取。”

子曰:“其然?岂其然乎?”

【注】

公叔文子:卫国大夫公孙拔,文是其谥号。

公明贾(jiǎ):姓公明,名贾,卫国人,公叔文子的使臣。

夫子:指公叔文子。

时:指应该说话的时候。

其然:是这样吗。《集释》引皇侃疏:“然,如此也。言今汝所言当如此也。”

【译文】

孔子向公明贾打听关于公叔文子的事说:“确实吗?老先生不说话、不笑、不收取钱财吗?”

公明贾回答说:“这是把这些话告诉你的那个人错了。老先生到该说话的时候才说话,因此别人不厌恶他的话;在开心的时候才高兴,因此别人不厌恶他的高兴;只有合于道义的钱他才收取,因此别人不厌恶他收取钱财。”

孔子说:“是这样吗?难道只是这样吗?”

14.14 子曰:“臧武仲以防求为后于鲁,虽曰不要君,吾不信也。”

【注】

防:防城,在今山东费县境内。臧武仲即本篇第二节所言之智者。他在逃到齐国之前,曾向鲁国国君要求,立臧氏之后人为卿大夫,得到允许后,他才流亡到齐国。

要:要挟。

为后:后,后人。为后,立后人为大夫。

【译文】

孔子说:“臧武仲凭借他的封地防城请求鲁君立臧氏后人为大夫,即使有人说这不是要挟鲁君,我也不相信。”

14.15 子曰:“晋文公谲而不正,齐桓公正而不谲。”

【注】

《集注》:“晋文公名重耳,齐桓公名小白。谲,诡也。二公皆诸侯盟主,攘夷狄以尊周室者也。虽其以力假仁,心皆不正,然桓公伐楚，仗义执言，不由诡道，犹为彼善于此；文公则伐卫以致楚，而阴谋以取胜，其谲甚矣。二君多事亦多类此，故夫子言此以发其隐。"

按：孔子评齐桓公、晋文公的原则，是他们对周王的态度。齐桓公"尊王攘夷"，晋文公不尊王，竟召周王到河阳会见诸侯。所以孔子肯定齐桓公，否定晋文公。

【译文】

孔子说："晋文公诡诈而不端正，齐桓公端正而不诡诈。"

14.16 子路曰："桓公杀公子纠，召忽死之，管仲不死。"曰："未仁乎？"子曰："桓公九合诸侯，不以兵车，管仲之力也。如其仁！如其仁！"

【注】

《译注》："齐桓公和公子纠都是齐襄公的弟弟。齐襄公无道，两人都怕牵连。桓公便由鲍叔牙侍奉逃往莒国，公子纠也由管仲和召忽侍奉逃往鲁国。襄公被杀以后，桓公先入齐国，立为君，便兴兵伐鲁，逼迫鲁国杀了公子纠，召忽因此自杀，管仲却作了桓公的宰相。"

九合：齐桓公纠合诸侯共计 11 次，这里"九"字是虚数，表示多次。

如：《经传释词》："如，犹乃也。"乃，就是。

【译文】

子路说："齐桓公杀了公子纠，召忽因而自杀，管仲却不死。"接着又说："管仲没有仁德吧？"孔子说："齐桓公多次会合诸侯举行盟会，不凭借武力，这都是管仲的功劳。这就是他的仁德！这就是他的仁德！"

14.17 子贡曰:“管仲非仁者与?桓公杀公子纠,不能死,又相之。”子曰:“管仲相桓公,霸诸侯,一匡天下,民到于今受其赐。微管仲,吾其被发左衽矣。岂若匹夫匹妇之为谅也,自经于沟渎而莫之知也?”

【注】

相之:做他的相。相,名词用作动词。

匡:匡正。

赐:恩惠,恩赐。

微:没有。

被发左衽:被,同“披”,被发即披散头发;衽,衣襟,左衽即衣襟向左边开。“披发左衽”是当时夷狄的风俗。孔子认为管仲帮齐桓公称霸,保护了中原的礼乐文化。

谅:诚信,守信用。

自经:自缢。

渎:小沟。

《集释》引皇侃疏:“于时夷狄侵逼中华,得管仲霸桓公,今不为夷狄所侵,皆由管仲之赐也。”

【译文】

子贡说:“管仲不算是仁人吧?齐桓公杀了公子纠,他不能殉难,反而去辅佐桓公。”孔子说:“管仲辅佐桓公,称霸诸侯,匡正了天下秩序,老百姓至今还享受着他的恩惠。没有管仲,恐怕我们也要成为夷狄之人披头散发,衣襟向左边开了。管仲哪能像普通老百姓那样,为了守小节,吊死在水沟里而没有人知道呢?”

14.18 公叔文子之臣大夫僎与文子同升诸公。子闻之,曰:“可以为文矣。”

【注】

臣:家臣。

僎(zhuàn):人名,本是公叔文子的家臣,公叔文子推荐他,升为卫国大夫。

诸:兼词,“之”“于”的合音。

升诸公:升他为公朝的大夫。《集注》:“臣,家臣。公,公朝。谓荐之与己同进为公朝之臣也。”

【译文】

公叔文子的家臣僎(由于文子推荐)和文子一同位列卫国的大夫。孔子听到这件事,说:“可以给他‘文’的谥号了。”

14.19 子言卫灵公之无道也,康子曰:“夫如是,奚而不丧?”孔子曰:“仲叔圉治宾客,祝鮀治宗庙,王孙贾治军旅。夫如是,奚其丧?”

【注】

康子:即季康子,执掌鲁国政权。

奚而:为何,为什么。俞樾《群经平议》:“奚而,犹‘奚为’也,言奚为不丧也。”按:奚,疑问代词。

何;什么,哪里。

丧:败亡,失国。

仲叔圉:即孔文子。他与祝鮀(tuó)、王孙贾都是卫国的大夫。

治宾客:接待宾客。

治宗庙:管理宗庙祭祀。

【译文】

孔子说到卫灵公昏庸无道时,季康子说:“既然这样,为什么没亡国呢?”孔子说:“因为他任用仲孙圉主管外交,接待宾客,祝鮀主管宗庙祭祀,王孙贾统率军队。这样,怎么会亡国?”

14.20 子曰:“其言之不怍,则为之也难。”

【注】

怍(zuò):惭愧。言之不怍,大言不惭。

【译文】

孔子说:“说话如果大言不惭,要身体力行就很困难。”

14.21 陈成子弑简公。孔子沐浴而朝,告于哀公曰:“陈恒弑其君,请讨之。”公曰:“告夫三子!”

孔子曰:“以吾从大夫之后,不敢不告也。君曰‘告夫三子’者!”

之三子告,不可。孔子曰:“以吾从大夫之后,不敢不告也。”

【注】

陈成子:即田成子,名恒,齐国大夫。他先利用大斗借出,小斗收进的方法收买人心,而后杀了齐简公,夺取了政权,国号仍称“齐”,史称“田齐”。

三子:指鲁国的孟孙、叔孙、季孙三家大夫。

沐浴:《集解》:“马曰:‘将告君,故先斋,斋必沐浴也。’”按:斋是指古人举行祭祀、典礼以及臣见君之前,戒酒、戒荤,沐(洗头)浴(洗澡),别居(不与妻同房),清心寡欲,以示虔敬。这里只用“沐浴”表示斋戒。

从大夫之后:孔子曾做过大夫,此言是做过大夫的谦称。

【译文】

陈成子杀了齐简公。孔子斋戒沐浴后上朝,向鲁哀公说:“陈恒杀了他的君主,请您出兵讨伐他。”哀公说:“你去报告季孙、孟孙、叔孙三家大夫吧。”

孔子退出后说:“因为我曾做过大夫,所以不敢不报告,但国君却说‘你去报告三家大夫吧’!”

孔子到三家大夫家报告,他们不同意出兵。孔子说:“因为我曾做过大夫,所以不敢不报告。”

14.22 子路问事君。子曰:“勿欺也,而犯之。”

【注】

犯:犯言直谏。《集解》:“孔曰:‘事君之道,义不可欺,当能犯颜谏争。’”

【译文】

子路问怎样事奉国君。孔子说:“不要欺骗国君,但可以犯颜谏争。”

14.23 子曰:“君子上达,小人下达。”

【注】

上达、下达:《集解》引皇侃疏:“上达者,达于仁义也。下达,谓达于财利,所以与君子反也。”

【译文】

孔子说:“君子通达于仁义,小人通达于财利。”

14.24 子曰:“古之学者为己,今之学者为人。”

【注】

为己、为人:《集释》引皇侃疏:“明今古有异也。古人所学,己未善,故学先王之道,欲以自己行之,成己而已也。今之世学,非复为补己之行缺,正是图能胜人,欲为人言己之美,非为己行不足也。”

【译文】

孔子说:“古代的人求学为了充实提高自己,现在的人求学是为了胜过别人,夸耀自己。”

14.25 遽伯玉使人于孔子。孔子与之坐而问焉,曰:“夫子何为?”对曰:“夫子欲寡其过而未能也。”使者出。子曰:“使乎!使乎!”

【注】

遽伯玉:卫国贤大夫,名瑗,孔子在卫国时曾住过他家。

使人于孔子:派人到孔子家拜访。于,到。

夫子:此处指遽伯玉,古代也称大夫为夫子。

寡其过:使其过寡。寡,少。

使乎:真是好使者啊。

《集解》:“何曰:‘言夫子欲寡其过而未能无过也。’陈曰:‘再言使乎者,善之也。言使得其人。’”

【译文】

遽伯玉派人到孔子家拜访。孔子请使者坐下,然后问道:“老先生在做什么?”使者回答说:“老先生想减少自己的过错,但没能做到。”

使者出去以后,孔子说:“真是一位好使者啊!真是一位好使者啊!”

14.26 子曰:“不在其位,不谋其政。”曾子曰:“君子思不出其位。”

【注】

“子曰”一句与《泰伯》篇第十四节重复。

“思不出其位”由“不在其位,不谋其政”引发而来。

《集解》:“孔曰:‘不越其职’。”《集释》引皇疏:“君子思虑,当己分内,不得出己之外而思他人事。思于分外,徒劳不可得。”

【译文】

孔子说:“不在那个职位上,就不谋划那个职位上的政事。”曾子说:“君子思考问题不超出他的职位。”

14.27 子曰:“君子耻其言而过其行。”

【注】

而:用法同“之”。皇侃本作“君子耻其言之过其行也”。王符《潜夫论·交际篇》引《论语》亦作“之”:“孔子疾夫言之过其行者。”

其:反身代词,指自己。

【译文】

孔子说:“君子以说得多过做得为耻辱。”

14.28 子曰:“君子道者三,我无能焉:仁者不忧,知者不惑,勇者不惧。”子贡曰:“夫子自道也。”

【注】

《集注》:“自责以勉人也。道,言也。自道,犹云谦辞。”

【译文】

孔子说:“君子之道有三,我没能做到:仁德的人不忧愁,聪明的人不迷惑,勇敢的人不畏惧。”子贡说:“这话是老师说自己的。”

14.29 子贡方人。子曰:“赐也,贤乎哉?夫我则不暇。”

【注】

方人:评论别人的长短。《集释》引郑玄注:“谓言人之过恶。”《集注》:“方,比也。乎哉,疑辞。比方人物而较其长短,虽亦穷理之事,然专务为此,则心驰于外,而所以自治者疏矣。故褒之而疑其辞，复自贬以深抑。”

【译文】

子贡评论别人的短长。孔子说：“子贡你就真的比别人贤能吗？我就没有闲工夫去评论别人。”

14.30 子曰：“不患人之不己知，患其不能也。”

【注】

患：忧虑。《说文解字》：“患，忧也。”

不己知：不知己。文言文否定句的代词宾语前置。

知：了解。《集释》引皇侃疏：“言不患人之不知我之有才能也，正患无才能以与人知耳。”

其：反身代词，指自己。

【译文】

孔子说：“不担心别人不了解自己，只担心自己没有能力。”

14.31 子曰：“不逆诈，不亿不信，抑亦先觉者，是贤乎！”

【注】

逆：迎接，这里是“预先”之意。逆诈，事先怀疑别人存心欺诈。

亿：同“臆”，主观地臆测，猜测。

不信：不诚信。

抑：可是。

先觉：对别人的欺诈能事先觉察。《集注》：“逆，未至而迎之也。亿，未见而意之也。诈，谓人欺己。不信，谓人疑己。抑，反语词。言虽不逆不亿，而于人之情伪自然先觉，乃为贤也。”

【译文】

孔子说：“不事先怀疑别人欺诈，不凭空猜想别人不诚实，但能及早觉察别人的欺诈和不诚实，这样的人就是贤人了。”

14.32 微生亩谓孔子曰：“丘！何为是栖栖者与？无乃为佞乎？”孔子曰：“非敢为佞也，疾固也！”

【注】

微生亩：《集注》：“微生，姓。亩，名也。亩名呼夫子而辞甚倨，盖有齿德而隐者。栖栖，依依也。言其务为口给以悦人也。疾，恶也。固，执一而不通也。圣人之于达尊礼恭而言直如此，其警之亦深矣。”按：齿，年龄。有齿指岁数大。

名呼夫子：呼夫子之名。

倨：傲慢。

栖栖：忙碌。

佞：巧言善辩。

【译文】

微生亩对孔子说：“孔丘啊！你为什么忙忙碌碌地到处跑呢？莫不是要显示你的口才？”孔子说：“我不敢显示我的口才，是厌恶那些顽固不化的人。”

14.33 子曰：“骥不称其力，称其德。”

【注】

骥：《说文解字》：“骥，千里马也。”

称其德：称，美好。《尔雅》：“称，好也。”邢昺疏：“称，谓美好。”按：“称其力”“称其道”的“称”都是形容词用作动词，赞美。

德：《集解》：“德者调良之谓。”按：“调良”即“调教之使良”。意为训练得好，易于驾驭。

【译文】

孔子说："人们称良马为骥，不是赞美它的力气，而是赞美它的品德。"

14.34 或曰："以德报怨，何如？"子曰："何以报德？以直报怨，以德报德。"

【注】

或：有人。《集注》："或人所称，今见《老子》书。"孔子不赞成。《集释》引皇侃疏："所以不以德报怨者，若行怨而德报者，则天下皆行怨以要德报之，如是者，是取怨之道也。"

以直报怨："直"有两解：①公平正直；②"直"是"值"的假借。《译说》："'以直报怨'即主张对怨仇进行相对等的报复。"《礼记·表记》引孔子曰："以德报德，则民有所劝；以怨报怨，则民有所惩。"这就是孔子主张"以直报怨"的理由。孔子未能摆脱"春秋容复仇"的习俗，后世儒家多讳言之。

【译文】

有人问孔子："用恩德报答怨恨怎么样？"孔子说："那用什么来报答恩德呢？我主张用相等的分量报怨，用恩德报答恩德。"

14.35 子曰："莫我知也夫！"子贡曰："何为其莫知子也？"子曰："不怨天，不尤人，下学而上达，知我者其天乎！"

【注】

莫我知：莫知我。

何为：为何。

尤：责备，归咎。

下学而上达：《集解》引皇侃疏："下学，学人事；上达，达天命。

我既学人事,人事有否有泰,故不尤人。上达天命,天命有穷有通,故我不怨天也。”

【译文】

孔子说:“没有人了解我呀!”子贡说:“为什么没有人了解您呢?”孔子说:“不怨恨天,不责备人,下学人事,上达天命。了解我的,大概只有天了。”

14.36 公伯寮愬子路于季孙。子服景伯以告,曰:“夫子固有惑志于公伯寮,吾力犹能肆诸市朝。”

子曰:“道之将行也与,命也;道之将废也与,命也。公伯寮其如命何!”

【注】

公伯寮:字子周,孔子弟子。

愬(sù):同“诉”,此处指诽谤,诬告。

子服景伯以告:《集解》:“孔曰:‘景伯,鲁大夫子服何忌也。’告,告孔子。惑志,季孙信谗,恚子路也。”

吾力犹能肆诸朝:《集解》:“郑曰:‘吾势力犹能辨子路之无罪于季孙,使之诛寮而肆之。’有罪既刑,陈其尸曰肆。”

【译文】

公伯寮向季孙诽谤子路。子服景伯把这事告诉了孔子,说:“季孙他老人家已经被公伯寮迷惑了,(但)我的力量还能够把公伯寮的尸首陈列在街头示众。”

孔子说:“仁义之道如果能实行,是天命决定的;仁义如果被废弃也是天命决定的。公伯寮能把天命怎么样呢!”

14.37 子曰:“贤者避世,其次辟地,其次辟色,其次辟言。”子曰:“作者七人矣。”

【注】

辟:同“避”,逃避,躲避。

世:此处指乱世。《集解》:“孔曰:‘避世,世主莫得而臣子。避地,去乱国,适治邦。避色,色斯举矣。避言,有恶言乃去。’”按:“避色”并非指女色。皇侃疏:“其次避色者……但临时观君之颜色,颜色恶则去。”

【译文】

孔子说:“贤德的人逃避乱世而隐居,次一等的避开乱地,逃到太平的地方,再次一等的避开国君不好的脸色;再次一等的避开别人难听的话。”孔子又说:“这样做的已经有七个人了。”

14.38 子路宿于石门。晨门曰:“奚自?”子路曰:“自孔氏。”曰:“是知其不可而为之与?”

【注】

石门:鲁国都城的外城门。

晨门:早晨看守城门的人。

奚:疑问代词,为什么,什么,何。奚自,从哪里来。

【译文】

子路在石门住宿。早晨看守城门的人问:“你从哪里来?”子路说:“从孔子那里来。”看门的人说:“就是那个明知做不到却坚决要做的人吗?”

14.39 子击磬于卫。有荷蒉而过孔氏之门者,曰:“有心哉,击磬乎!”既而曰:“鄙哉,硁硁乎!莫己知也,斯己而已矣。深则厉,浅则揭。”

子曰:“果哉!末之难矣。”

【注】

磬(qìng):用玉或石制的打击乐器。

蒉(kuì):用来盛土的草编的筐子。

鄙:鄙陋。

硁(kēng)硁:击磬声,比喻浅陋而固执。

既:尽,完毕。《广雅·释诂》:“既,尽也。”既而曰,听完了击磬而后说。

斯己而已矣:《集解》:“徒信己而已,言亦无益也。”《正义》:“‘徒信己’,即释‘斯己’二字,言夫子止可自信诸己。人不能知而用之,故不能有益于人。”

厉、揭:《集注》:“以衣涉水曰厉,摄衣涉水曰揭。此两句《诗经·邶风·匏有苦叶》之诗也,讥孔子不知己而止,不能适深浅之宜。”按:不解衣涉水叫厉,提起下衣涉水叫揭。

果:果断。

末:无。

【译文】

孔子在卫国,一天正在敲磬,有个挑筐子的人从门前经过,说:“敲磬的人有心思啊!”一会儿又说:“可鄙啊!这硁硁的磬声。没有人了解自己,就只为自己着想好了。譬如涉水,水深,就穿着衣裳涉水;水浅,就提起衣裳涉水。”

孔子说:“说得真果断,我没有什么可以责难他了。”

14.40 子张曰:“《书》云:‘高宗谅阴,三年不言。’何谓也?”子曰:“何必高宗,古之人皆然。君薨,百官总己,以听于冢宰三年。”

【注】

《书》:指《尚书》。

高宗谅阴，三年不言：见《尚书·无逸》。孔安国注："高宗，殷之中兴王武丁也。"谅阴有多解。一是本节孔子的回答：国君死了，继位之君三年不言政事。二是指居丧之所，即"凶庐"。三是郭沫若在《青铜时代·驳〈说儒〉》中说："殷高宗曾患不言症，卜辞中已有直接证明。武丁时卜辞每多'今夕王言'或'今夕王乃言'之卜，往时不明其意者，今已涣然冰释。"

总己：总管自己的职事。

冢宰：官名，相当于后世的宰相。

【译文】

子张说："《尚书》上说：'高宗守孝，三年不说话。'这是什么意思？"孔子说："何止是高宗，古代的人都是这样。国君死了，继位的君主三年不问政事，朝廷百官各管自己的职事，而听命于宰相。"

14.41 子曰："上好礼，则民易使也。"

【注】

上：在上位的执政者。

使：役使。

【译文】

孔子说："执政者依礼行事，民众就容易役使了。"

14.42 子路问君子。子曰："修己以敬。"

曰："如斯而已乎？"曰："修己以安人。"

曰："如斯而已乎？"曰："修己以按百姓。修己以安百姓，尧舜其犹病诸？"

【注】

修己以敬：修己，修养自身道德；敬，严肃，慎重。《正义》："君子,谓在位者也。修己者,修身也。以敬者,礼无不敬也。安人者,齐家也。安百姓,则治国平天下也。”

斯:此。

【译文】

子路问怎样才算是君子。孔子说:“修养自己,从而严肃认真地为人处事。”

子路又问:“这样做就够了吗?”孔子说:“修养自己,使周围的人安乐。”

子路又问:“这样做就够了吗?”孔子说:“修养自己,使百姓都安乐。修养自己使百姓都安乐,尧、舜大概也难以做到吧!”

14.43 原壤夷俟。子曰:“幼而不孙弟,长而无述焉,老而不死,是为贼。”以杖叩其胫。

【注】

原壤:鲁国人,孔子的老友。《集注》:“原壤,孔子之故人,母死而歌,盖老氏之流,自放于礼法之外者。”

夷:箕踞。形容像箕一样,两腿八字形分开坐在地上。这是不雅而又无礼的。

俟:等待。

孙弟:同“逊悌”,孝悌。

无述:没有可以称述的成就。

贼:害人的人。

叩:敲。

胫:小腿。

【译文】

原壤像箕一样两腿分开坐在地上等待孔子。孔子说:“你幼小时不讲谦逊和孝悌，长大了没有可称述的成就，老了反而不死，这就是害人的贼。”孔子用拐杖叩打他的小腿。

14.44 阙党童子将命。或问之曰：“益者与？”子曰：“吾见其居于位也，见其与先生并行也。非求益者也，欲速成者也。”

【注】

阙党：即阙星，地名，孔子家住的地方。郦道元《水经注》：“孔庙东南五百步有双石阙，故曰阙里。”

童子将命：《集注》：“童子，未冠者之称。将命，谓传宾主之言。或人疑此童子学有进益，故孔子使之传命，以宠异之也。”

居于位：坐在成年人的位子上。按照古礼，童子只能站在主人的北边，面朝南。居于位指不合礼节。

与先生并行：同长辈并肩而立。按照古礼，童子应走在长辈后面。

速成：急于求成。

【译文】

阙党的一个少年来向孔子传话。有人问孔子：“这个小孩能从传话中求得进益之道吗？”孔子说：“我看见他坐在成年人的位子上，又见他同长辈并肩而行。这不是一个要求上进的人，而是一个急于求成的人。”

15. 卫灵公

15.1 卫灵公问陈于孔子。孔子对曰:“俎豆之事,则尝闻之矣;军旅之事,未之学也。”明日遂行。

【注】

陈:同“阵”字。军队的战斗队形。

俎豆之事:俎、豆都是盛肉食的礼器,祭祀用具。“俎豆之事”指祭祀和礼仪。《集注》:“陈,谓军师行伍之列。俎豆,礼器。尹氏曰:‘卫灵公无道之君也,复有志于战伐之事,故答以未学而去之。’”

【译文】

卫灵公向孔子问军队战斗队形的布置方法。孔子回答说:“祭祀礼仪的事,我曾经听说过;军队的事,没学过。”第二天,孔子离开了卫国。

15.2 在陈绝粮,从者病,莫能兴。子路愠见曰:“君子亦有穷乎?”子曰:“君子固穷,小人穷斯滥矣。”

【注】

在陈绝粮:《集解》:“孔曰:‘孔子去卫如曹,曹不容,又之宋,遭匡,又至陈,陈乱,故乏食。’”孔子在陈绝粮时是鲁哀公六年(前489),原因见《先进》第二章注。

从者:随从孔子周游列国的学生。

兴:起,起身。《说文解字》:“兴,起也。”

愠:恼怒。

穷:困厄。《左传·昭公十四年》:"分贫振穷。"孔安国注:"大体贫、穷相类,细言穷困于贫。贫者家少财货,穷谓全无生业。"困穷,虽然穷困仍固守正道。

滥:泛滥,这里指无所不为。

【译文】

孔子在陈国断绝了粮食,跟随他的学生都饿病了,没有人能起来。子路很不高兴地来见孔子,说:"君子也有穷困的时候吗?"孔子说:"君子穷但能固守正道,小人穷了就无所不为了。"

15.3 子曰:"赐也!女以予为多学而识之者与?"对曰:"然,非与?"曰:"非也。予一以贯之。"

【注】

赐:子贡,名端木赐。

多学而识:识,记住。《玉·篇》:"识,记也。"《集释》引皇侃疏:"时人见孔了多识,并谓孔了多学世事而识之,故问孔子于子贡而释之也。"

一以贯之:宾语"一"前置,即以一贯之。这个"一"即《里仁》第十五章所说"夫子之道,忠恕而已矣"。

【译文】

孔子说:"子贡呀!你以为我是多学而又能记住的人吗?"子贡回答说:"是的,难道不是这样吗?"孔子说:"不是啊。我的学说是用一个基本观点来贯穿它。"

15.4 子曰:"由!知德者鲜矣!"

【注】

由:仲由,即子路。《集注》:"由,呼子路之名而告之也。德,谓义理之得于己者，非己有之，不能知其意味之实也。”

【译文】

孔子说：“仲由！知道仁德的人是很少的！”

15.5 子曰：“无为而治者，其舜也与？夫何为哉？恭己正南面而已矣。”

【注】

舜：原始社会末期的统治者。据《尚书·尧典》，尧把天下禅让舜，舜退位前又把天下禅让给禹，禹死后，由其子启继位，“公天下”变为“家天下”。

无为而治：无为，无所作为，指国君不必有所作为；治，政治清明，天下太平。

其：大概。

夫：他，指舜。

恭己：容貌端正庄严，能克己修身养德。

南面：面向南。国君、官员在朝堂处理政务时，都是坐北朝南。

【译文】

孔子说：“能够自己不亲自处理政务而使天下太平的人，大概只有舜吧？他做了什么呢？只是庄严端正地坐在天子之位上罢了。”

15.6 子张问行。子曰：“言忠信，行笃敬，虽蛮貊之邦，行矣。言不忠信，行不笃敬，虽州里，行乎哉？立则见其参于前也，在舆则见其倚于衡也，夫然后行。”子张书诸绅。

【注】

行：通达，指做人做事顺畅。

笃：忠厚。

蛮貊(mò):古人对少数民族的称谓,蛮在南方,貊在北方,即北狄。

州:古时2 500户为一州。25户为一里。州里,指乡里,本乡本土。

参:直。《经义述闻》:“参字可训为直,故《墨子·经篇》曰:‘参,直也。’”又说“参与前,相直于前也”。据此,“立则见其参于前也”可译为:“站着时好像看见‘言语忠诚信实,行为忠厚谨严’几个字树立在面前。”按:参,译为树立。“树立”即“直”。

舆:车子。

衡:车辕前的横木。

绅:士大夫束在腰间的宽带,有一头垂下。

【译文】

子张问做人做事要怎样才能顺利通达。孔子说:“说话忠诚信实,行为忠厚恭敬,即使到了南蛮北貊地区也能顺利通达。说话不忠诚信实,行为不忠厚恭敬,就是在本乡本土,能顺利通达吗?站着时好像看见‘言语忠诚信实,行为忠厚恭敬’几个字树立在面前,坐车时,就仿佛看到这几个字刻在车辕前的横木上,这样才能使自己到处顺利通达。”子张把孔子的这几句话写在束腰的大带上。

15.7 子曰:“直哉史鱼!邦有道,如矢;邦无道,如矢。君子哉,蘧伯玉!邦有道,则仕;邦无道,则可倦而怀之。”

【注】

直:正直。

史鱼:《集注》:“史官,名鱼,卫大夫,名鳍。如矢,言直也。史鱼不能进贤退不肖,既死犹以尸谏,故夫子称其直。”他曾多次谏卫灵公斥退弥子瑕,选用蘧伯玉,卫灵公不听。史鱼临死时嘱咐儿子不要在正堂治丧,以此谏卫灵公,古称之为“尸谏”。卫灵公终于召蘧伯玉而退弥子瑕。

矢:箭。

蘧伯玉:名瑗,卫国大夫。

仕:出来做官。

卷而怀之:《集注》:“卷,收也。怀,藏也。”即把自己的本领收藏起来,不参与政事。

【译文】

孔子说:“史鱼正直啊!国家政治清明时,他像箭一样直;国家昏乱时,他也像箭一样直。蘧伯玉真是君子啊!国家政治清明时,他出来做官;国家昏乱时,就把自己的本领收藏起来。”

15.8 子曰:“可与言而不与之言,失人;不可与言而与之言,失言。知者不失人,亦不失言。”

【注】

失人:失,错过。失言,说错了话。

【译文】

孔子说:“可以同他谈话,却不同他谈,这就会失去人才;不可以同他谈的话,却同他谈,这就是说错了话。有智慧的人既不失去人才,又不说错话。”

15.9 子曰:“志士仁人,无求生以害仁,有杀身以成仁。”

【注】

志士仁人:《集注》:“志士,有志之士。仁人则成德之人也。理当死而求生,则于其心有不安矣,是害其心之德也。当死而死,则心安而德全矣。”

【译文】

孔子说:“志士仁人,不贪求生命而损害仁德,只有牺牲自身生命来成全仁德。”

15.10 子贡问为仁。子曰:“工欲善其事,必先利其器。居是邦也,事其大夫之贤者,友其士之仁者。”

【注】

为仁:实现仁政的方法。

工欲善其事,必先利其器:《集释》引皇疏:“将欲达于为仁之术,故先为说譬也。工,巧师也。器,斧斤之属也。言巧师虽巧,艺若轮般,而作器不利,则巧事不成;如欲其所作事善,必先磨利其器也。”

友:结交。

事:侍奉,敬奉。

事其大夫之贤者:即事其贤之大夫,定语后置。

【译文】

子贡问怎样实行仁德。孔子说:“工匠要做好他的工作,必先磨利他的器具。住在一个国家,就要敬奉那些大夫之中的贤者,结交士人中的仁人。”

15.11 颜渊问为邦。子曰:“行夏之时,乘殷之辂,服周之冕,乐则《韶舞》。放郑声,远佞人。郑声淫,佞人殆。”

【注】

行夏之时:夏历以建寅之月,即旧历正月,为每年的第一个月,春、夏、秋、冬合乎时令,适合农业生产之用。周历以建子之月即旧历十一月为每年的第一个月,在观测天象、计算闰月等方面较准确,但不如夏历更适合农业生产。

乘殷之辂(lù):《译注》:商代的车子比周代的车子自然质朴些《左传·桓公二年》:"大辂,越席,昭其俭也。"

服周之冕:周代的礼帽比较华美。

《韶》:舜时的音乐,奏韶乐时,伴有舞蹈,故称《韶舞》。

郑声:郑国的乐曲,孔子认为郑声淫。

放:禁绝,舍弃。

佞人:花言巧语谄媚的小人。

殆:危险。

【译文】

颜渊问怎样治理国家。孔子说:"使用夏朝的历法,乘坐商朝的车子,戴周朝的礼帽,音乐就用《韶》乐。禁绝郑国的乐曲,斥退巧言谄媚的小人。郑国的乐曲淫荡,巧言谄媚的人危险。"

15.12 子曰:"人无远虑,必有近忧。"

【译文】

孔子说:"人没有长远的考虑,就必定有眼前的忧患。"

15.13 子曰:"已矣乎!吾未见好德如好色者也。"

【注】

已:废弃。《玉篇》:"已,弃也。"

色:女色。

【译文】

孔子说:"道德废弃了!我没见过爱好道德像爱好女色那样的人。"

15.14 子曰:"臧文仲其窃位者与!知柳下惠之贤而不与立也。"

【注】

臧文仲:姓臧孙,名辰。文仲是其谥号。鲁国著名大夫。

柳下惠:鲁国贤人,姓展名获,字禽,又叫展季。高诱《淮南子注》认为:“展禽家有柳树,身行惠德,因号柳下惠。”

窃位:居官位而不称职。

远:远离,避开。

立:同“位”,指官位。俞樾《群经平议》:“古者立、位同字,古文《春秋》经‘公即位’为‘公即立’。然则‘不与立’即‘不与位’,言知柳下惠之贤,而不与之禄位也。”

【译文】

孔子说:“臧文仲大概是个居官位而不称职的人吧!他明知柳下惠是贤人却不给他高职位。”

15.15 子曰:“躬自厚而薄责于人,则远怨矣。”

【注】

躬自厚:即“躬自厚责”——多责备自己。躬,自身。《集注》:“责己厚,故身益修;责人薄,故人易从。所以人不得而怨也。”

【译文】

孔子说:“多责备自己,少责备别人,就会远离怨恨。”

15.16 子曰:“不曰‘如之何,如之何’者,吾未如之何也已矣。”

【注】

《集解》:“孔曰:‘不曰如之何者,犹言不若奈是何也。如之何者,言祸难已成,吾亦无如之何也。’”按:“如……何”“奈……何”即“对……怎么样”,怎么对付。未:无。

【译文】

孔子说："不说'怎么办，怎么办'的人，我对这种人真不知道该怎么办了。"

15.17 子曰："群居终日，言不及义，好行小慧，难矣哉！"

【注】

群居：《集释》引皇侃疏："三人以上为群居，群居共聚，有所谈说，终于日月，而未尝有及义之事也。"

小慧：《集解》："小慧，谓小小之才知也。难矣哉，言无成功也。"

【译文】

孔子说："众人整天聚在一起，说的话都不涉及义理，还好卖弄小聪明，（这种人）真难教育啊！"

15.18 子曰："君子义以为质，礼以行之，孙以出之，信以成之。君子哉！"

【注】

义以为质：以义作为办事的根本。质，实质，根本。孙以出之：用谦逊的言语说出它。孙，同"逊"，谦逊。

信以成之：用诚信的态度完成它。

《集注》："义者，制事之本，故以为质干，而行之必有节文，出之必以退逊，成之必在诚实，乃君子之道也。"

【译文】

孔子说："君子以义为根本，以礼法来实行（义），用谦逊的语言讲述义，用诚信的态度完成义，这就是君子啊！"

15.19 子曰："君子病无能焉，不病人之不己知也。"

【注】

病:担心,忧虑。

不己知:不知己,否定句的代词宾语前置。

【译文】

孔子说:"君子忧虑自己没有才能,不忧虑别人不知道自己。"

15.20 子曰:"君子疾没世而名不称焉。"

【注】

疾:恨,担忧,怕。《集解》:"疾,犹病也。"

没世:终身,死。

称:称述,称道。

俞樾《群经平议》:"此章言谥法也。"

【译文】

孔子说:"君子就怕死后没有好名声被人称颂。"

15.21 子曰:"君子求诸己,小人求诸人。"

【注】

求诸己:求之于己。

《集解》:"君子责己,小人责人。"按:责,要求。

【译文】

孔子说:"君子(严格)要求自己,小人苛求他人。"

15.22 子曰:"君子矜而不争,群而不党。"

【注】

矜(jīn):庄重,矜持,慎重拘谨。《集注》:"庄以持己曰矜,然无乖戾之心,故不争。和以处众曰群,然无阿比之意,故不党。"

党:结党营私。

【译文】

孔子说:“君子庄重矜持而不同别人争执,合群而不结党营私。”

15.23 子曰:“君子不以言举人,不以人废言。”

【注】

《集解》:“包曰:‘有言者不必有德,故不可以言举人。’王曰:‘不可以无德而废善言。’”

【译文】

孔子说:“君子不因有人讲了一段正确的话就举荐他,也不因某人有缺点错误而废弃了他的正确言论。”

15.24 子贡问曰:“有一言可以终身行之者乎?”子曰:“其恕乎!己所不欲,勿施于人。”

【注】

一言:一句话。

其恕乎:其,指示代词那。

《集解》:“言己之所恶,勿加施于人。”

【译文】

子贡问:“有一句话可以终身奉行的吗?”孔子说:“那就是恕吧!自己不想要的,不要强加给别人。”

15.25 子曰:“吾之于人也,谁毁谁誉?如有所誉者,其有所试矣。斯民也,三代之所以直道而行也。”

【注】

毁:诋毁,指称人之恶而失其真。

誉:赞誉,溢美,指扬人之善而过其实。《集注》:"毁者,称人之恶而损其真。誉者,扬人之善而过其实。夫子无是也。然或有所誉者,则必尝有以试之而知其将然矣,圣人善善之速而无所苟如此。"

斯民也:《集注》:"斯民者,今此之人也。三代,夏商周也。直道,无私曲也。言吾之所以无所毁誉者,盖以此民即三代之时所以善其善恶其恶,而无所私曲之民,故我今亦不得而枉其是非之实也。"

【译文】

孔子说:"我对于别人,诋毁过谁?赞誉过谁?如有所赞誉,那是经过实践考验过的。夏商周三代都是这样做的,所以能按正直之道行事。"

15.26 子曰:"吾犹及史之阙文也,有马者借人乘之。今亡矣夫。"

【注】

犹:还。

及:(看)到。

阙文:阙,同"缺"。《集解》:"包曰:'古之良史于书字有疑,则缺之以待知者也。有马不能调良,则借人乘习之。孔子自谓及见其人如此,至今无有矣。言此者,以俗多穿凿也。'"

亡:同"无"。

【译文】

孔子说:"(前些年)我还能看到史官存疑的缺文,有马的人不会驯马就借给善于驯马的人骑。现在没有这种人了。"

15.27 子曰:"巧言乱德。小不忍则乱大谋。"

【注】

《集注》:"巧言变乱是非,听之使人丧其所守。小不忍,如妇人之仁,匹夫之勇皆是。”朱熹《四书或问》云:“妇人之仁不能忍其爱也,匹夫之勇不能忍其暴也。”

【译文】

孔子说:“花言巧语败坏道德。小事不能忍耐,就会扰乱大谋略。”

15.28 子曰:“众恶之,必察焉;众好之,必察焉。”

【译文】

孔子说:“众人都厌恶他,一定要考察原因;众人都喜欢他,一定要考察原因。”

15.29 子曰:“人能弘道,非道弘人。”

【注】

弘:弘扬。

【译文】

孔子说:“人能弘扬道,不是道弘扬人。”

15.30 子曰:“过而不改,是谓过矣。”

【注】

是:这。

【译文】

孔子说:“有了过错而不改正,这才真叫做过错。”

15.31 子曰:“吾尝终日不食,终夜不寝,以思,无益,不如学也。”

【注】

《集注》:“李曰:‘夫子非思而不学者,特垂语以教人尔。’”

【译文】

孔子说:“我曾经整天不吃饭,整夜不睡觉,用整天的时间思考,没有收益,不如学习。”

15.32 子曰:“君子谋道不谋食。耕也,馁在其中矣;学也,禄在其中矣。君子忧道不忧贫。”

【注】

谋:谋求。

馁(něi):饥饿。

《集注》:“耕所以谋食而未必得食,学所以谋道而禄在其中。然其学也,忧不得乎道而已,非为忧贫之故,而欲为是以得禄也。”

【译文】

孔子说:“君子谋求道,不谋求吃饭。耕田,有时也要挨饿;学习却可以获得俸禄。君子担忧道不能实行,不担忧贫穷。”

15.33 子曰:“知及之,仁不能守之,虽得之,必失之。知及之,仁能守之,不庄以莅之,则民不敬。知及之,仁能守之,庄以莅之,动之不以礼,未善也。”

【注】

知:同“智”,聪明,才智。

及:到,得到。

莅(lì):到,临。这里指临民,即掌握政权,治理百姓。这一用法在古籍中多见。如《易·明夷》:“君子以莅众。”《战国策·秦策》:“臣阐明主莅正,有功者不得不赏。”“庄以莅之”即庄严地治理国政。如果只是“知能及之,仁能学之”,不掌权也不行,即“不庄莅之,则民不敬”。《集解》:“包曰:‘知能及治其官,而仁不能守,虽得之必失之。不严以临之，则民不敬从其上。’王曰：‘动必以礼然后善。’”

动之：使之动。动，行动。

【译文】

孔子说：“依靠才智得到的职权，(如果)不用仁德去守住它，虽然得到，也必定会失去它。依靠才智得到的职权，能够用仁德守住它，(如果)不庄严地治理国政，百姓就不敬服。靠才智得到的职权，能用仁德守住它，能庄严地治理国政，(如果)行动不符合周礼，也不完善。”

15.34 子曰：“君子不可小知而可大受也，小人不可大受而可小知也。”

【注】

知：了解，识别。小知，从任用做小事去了解识别。知也可解为“主持”“主管”。

大受：承受大任。《集注》：“此言观人之法。知，我知之也。受，彼所受也。盖君子于细事未必可观，而才德足以任重；小人虽器量浅狭，而未必无一长可取。”

【译文】

孔子说：“君子不可用做小事去了解考察他，却可以承担大任，小人不可承担大任，却可用做小事去考察他。”

15.35 子曰：“民之于仁也，甚于水火。水火，吾见蹈而死者矣，未见蹈仁而死者也。”

【注】

蹈：踏，踩，投入。引申为追求，实践，实行。《集注》：“民之于水火，所赖以生，不可一日无，其于仁也亦然。但水火外物，而仁在已，无水火不过害人之身，而不仁则失其心，是仁有甚于水火，而尤不可一日无者也。况水火或有时而杀人，仁则未尝杀人，亦何惮而不为哉？李氏曰：'此夫子勉人为仁之语。'"

【译文】

孔子说："人民对于仁德，比对水火更急切需要。我见过溺水蹈火而死的，却没见过实践仁德而死的。"

15.36 子曰："当仁，不让于师。"

【注】

《集解》："孔曰：'当行仁之事，不复让于师，行仁急也。'"

【译文】

孔子说："当实行仁德之事时，对老师也不谦让。"

15.37 子曰："君子贞而不谅。"

【注】

贞：正，固守正道。

谅：信，拘泥于小的信用而不分是非。

《集注》："贞，正而固也。谅则不择是非而必于信。"

【译文】

孔子说："君子固守正道而不拘泥于小的信用。"

15.38 子曰："事君，敬其事，而后其食。"

【注】

《集解》："孔曰：'先尽力，后食禄也。'"《集注》："食，禄也。君子之仕也，有官守者修其职，有言责者尽其忠，皆以敬吾之事而已，不可先有求禄之心也。"

【译文】

孔子说:“事奉君主,要恭敬谨慎地办事,把食俸禄的事放在后面。”

15.39 子曰:“有教无类。”

【注】

《集注》:“人性皆善,而其类有善恶之殊者,气息之染也。故君子有教,则人皆可以复于善,固不当复论其类之恶矣。”

【译文】

孔子说:“人人都可接受教育,没有贫富贵贱的区别。”

15.40 子曰:“道不同,不相为谋。”

【注】

道:道路,主张。

《集注》:“不同,如善恶邪正之类。”

【译文】

孔子说:“政治主张不同,不互相商议谋划。”

15.41 子曰:“辞达而已矣。”

【译文】

孔子说:“言辞能通顺地表达思想感情就行了。”

15.42 师冕见,及阶,子曰:“阶也。”及席,子曰:“席也。”皆坐,子告之曰:“某在斯,某在斯。”师冕出。子张问曰:“与师言之道与?”子曰:“然,固相师之道也。”

【注】

师冕:乐师,名冕。古代的乐师一般是盲人。

某在斯:某在这里,即孔子向盲乐师介绍在座的人。

固相师之道:本来就是帮助相师的方式。相,帮助。《集解》:“马曰:‘相,导也。’”

【译文】

乐师冕来见孔子,走到台阶前,孔子说:“这里是台阶。”走到坐席旁,孔子说:“这儿是坐席。”等大家都坐下来,孔子告诉他说:“某某在这里,某某在这里。”师冕走了以后,子张问道:“这就是与乐师谈话的方式吗?”孔子说:“对,这本来就是帮助乐师的方式。”

16. 季氏

16.1 季氏将伐颛臾。冉有、季路见于孔子曰:“季氏将有事于颛臾。”

孔子曰:“求！无乃尔是过与？夫颛臾,昔者先王以为东蒙主,且在邦域之中矣,是社稷之臣也。何以伐为？”

冉有曰:“夫子欲之,吾二臣者皆不欲也。”孔子曰:“求！周任有言曰:‘陈力就列,不能者止。’危而不持,颠而不扶,则将焉用彼相矣？且尔言过矣,虎兕出于柙,龟玉毁于椟中,是谁之过与？”

冉有曰:“今夫颛臾,固而近于费。今不取,后世必为子孙忧。”孔子曰:“求！君子疾夫舍曰欲之而必为之辞。丘也闻有国有家者,不患寡而患不均,不患贫而患不安。盖均无贫,和无寡,安无倾。夫如是,故远人不服,则修文德以来之。既来之,则安之。今由与求也,相夫子,远人不服,而不能来也;邦分崩离析,而不能守也;而谋动干戈于邦内。吾恐季孙氏之忧,不在颛臾,而在萧墙之内也。”

【注】

季氏:季康子。

颛臾(zhuān yú):鲁国的附庸,在今山东费县西南。

有事:用兵。

求:冉有,此时正做季氏的家臣。

无乃:岂不,恐怕是。

先王:鲁国的始祖周公姬旦,是周武王姬发之弟,所以这里称周天子为先王。

东蒙主:主祭东蒙山。"东蒙"即蒙山,在鲁国东部,故称东蒙。《集注》:"东蒙,山名。先王封颛臾于此山之下,使主其祭,在鲁地七百里之中。社稷,犹云公家。是时四分鲁国,季氏取其二,孟孙、叔孙各有其一,独附庸之国尚为公臣,季氏又欲取以自益,故孔子言颛臾乃先王封国,则不可伐;在邦域之中,则不必伐;是社稷之臣,则非季氏所当伐也。"按:社稷之臣:国之重臣。

何以伐为:何以,以何,为什么。为,语气助词,相当于"呢"。

夫子:对老师、长者、尊贵者之尊称。这里指季康子。

周任:古代的史官。

陈力就列,不能则止:能施展自己的才力,就担任职务,如果不能胜任就辞职。《集注》:"陈,布也。列,位也。相,瞽者之相也。"按:布,展开,引申施展。陈力,施展才力。《小尔雅·广言》:"布,展也。"相:辅佐,帮助。

危而不持,颠而不扶:遇到危险而不扶持,将要摔倒而不搀扶。颠,仆倒。《集解》引皇侃疏:"汝今为人之臣,臣之为用,正至匡弼,持危扶颠。今季氏欲为滥伐,此是危颠之事,汝宜谏止,乃云:'夫子欲之,吾等不欲。'则何用汝为彼之辅相乎?"

虎兕出于柙,龟玉毁于椟中,是谁之过与:老虎、犀牛从笼子里跑出来,龟甲、玉器在匣子里毁坏了,这是谁的过错呢?兕(sì),犀牛;柙(xiá),关野兽的木笼;椟:匣子。

不患寡而患不均,不患贫而患不安:《集注》:"寡谓民少。贫,谓财乏。均,谓各得其分。安,谓上下相安。季氏之欲取颛臾,患寡与贫耳。然是时季氏据国,而鲁公无民,则不均矣。君弱臣强,互生嫌隙,则不安矣。"

修文德以来之,既来之,则安之:来之,使之来。来,表使动。

萧墙之内:《集注》:"萧墙,屏也。"按:萧墙是国君大门之内、大庭之前的影壁。在萧墙之内，即在家门之内。

【译文】

季氏将要攻打颛臾。冉有、子路去见孔子，说："季氏将对颛臾采取军事行动。"孔子说："冉求！这难道不是你的过错吗？颛臾，从前周天子曾经授权它主持东蒙山的祭祀，而且颛臾就在鲁国的疆域之中，这颛臾是鲁国的社稷之臣，为什么要攻打它呢？"冉有说："季孙夫子要这么做，我们两个做臣子的都不想这么做。"孔子说："冉求！周任曾有句话说：'能施展自己的才力，就担任职务，不能胜任就辞职。'（比如盲人）遇到危险，而不去扶持，摔倒了却不搀扶，那么，（季康子）何必要助手呢？而且你的话说错了。老虎、犀牛从笼子里跑出来，龟甲、美玉在匣子里坏了，这是谁的过错呢？"

冉有说："现在，颛臾城墙坚固，而且离季康子的采邑费城很近。现在不夺取，后世必定成为子孙的忧患。"孔子说："冉求！君子厌恶那种不说自己想要(颛臾的土地)，却又找出理由为之辩解的做法。我听说，对于诸侯和大夫，不怕财富少，而怕分配不均；不怕人民少，而怕不安定。大概分配平均了，也就没有所谓贫穷；大家和睦，就不会感到人民少；安定了，也就没有倾覆的危险了。如果做到这样，远方的人还不归服，就用修治仁义礼乐的政教把他们招来。他们已经来了，就使他们安心地住下来。现在仲由和冉求你们两人辅佐季氏，远方的人不归服，不能招他们来，国家分崩离析，不能保全，却想在国内用兵。我恐怕季孙氏的忧愁，不在颛臾，而在宫殿的门屏之内。"

16.2 孔子曰："天下有道，则礼乐征伐自天子出；天下无道，则礼乐征伐自诸侯出。自诸侯出，盖十世希不失矣；自大夫出，五世希不失矣;陪臣执国命,三世希不失矣。天下有道,则政不在大夫。天下有道,则庶人不议。”

【注】

礼乐征伐:制礼作乐和出兵打仗。

自天子出:从天子出发,即由天子决定。

盖:大概。

世:代。

希:同“稀”,很少。

《集注》:“先王之制,诸侯不得变礼乐,专征伐。陪臣,家臣也。逆理愈甚,则其失之愈速,大约世数不过如此。”

【译文】

孔子说:“天下有道,制礼作乐,出兵征伐,由天子决定;天下无道,制礼作乐,出兵征伐,由诸侯决定。由诸侯决定,大约传十代就很少有不丧失政权的;由大夫作决定,传五代就很少有不丧失政权的;大夫的家臣操纵了国家的政令,传至三代很少有不丧失政权的。天下有道,国家政权不会落在大夫手里。天下有道,百姓就不议论朝政了。”

16.3 孔子曰:“禄之去公室五世矣,政逮于大夫四世矣,故夫三桓之子孙微矣。”

【注】

禄:爵禄,是国家给官吏的俸禄。

禄之去公室五世:鲁国官吏的俸禄不是鲁国公室给予,(而是由掌权的“三桓”发放)已经五代了。《集注》:“鲁自文公薨,公子遂杀子赤立宣公,而君失其政。历成、襄、昭、定,凡五公。”

政逮于大夫四世:《集注》:“逮,及也。自季武子始专国政,历悼、平、桓子，凡四世，而为家臣阳虎所执。”

三桓：指鲁国的三卿仲孙、叔孙、季孙，都是鲁桓公的后代，故称“三桓”。

微：衰微，衰败。

【译文】

孔子说：“鲁君失去发俸禄、授爵位的行政权力已经五代了，政权落在大夫（季孙氏）手里有四代了，所以三桓的子孙也衰微了。”

16.4 孔子曰：“益者三友，损者三友。友直，友谅，友多闻，益矣。友便辟，友善柔，友便佞，损矣。”

【注】

谅：诚实。

便辟(pián pì)：习于摆架子装样子，内心却邪恶不正。

善柔：善于阿谀奉承，内心却无诚信。

便佞(pián nìng)：善于花言巧语，而言不符实。

【译文】

孔子说：“有益的朋友有三种，有害的朋友也有三种。与正直的人交友，与诚信的人交友，与见闻学识广博的人交友，是有益的。与习于歪门邪道的人交友，与善于阿谀奉承的人交友，与惯于花言巧语的人交友，是有害的。”

16.5 孔子曰：“益者三乐，损者三乐。乐节礼乐，乐道人之善，乐多贤友，益矣。乐骄乐，乐佚游，乐晏乐，损矣。”

【注】

益者三乐：有益的快乐有三类。

乐(lè)节礼乐(yuè)：以得到礼乐节制为乐。乐(lè)，以……为乐。

道人之善:称道别人的好处。

骄乐:不知节制的乐。

佚:同“逸”,过分。佚游,游荡忘返。

《集解》:“乐节礼乐,动静得于礼乐之节也。王曰:‘佚游,出入不知节也。’孔曰:‘骄乐,恃尊贵以自恣。晏乐,沉荒淫渎也。三者自损之道也。’”

【译文】

孔子说:“有益的快乐有三类,有害的快乐有三类。以受礼乐的调节为快乐,以称道别人的好处为快乐,以多交贤德的朋友为快乐,这是有益的。以骄纵为快乐,以放荡游逛为快乐,以宴饮放纵为快乐,这是有害的。”

16.6 孔子曰:“侍与君子有三愆:言未及之而言,谓之躁;言及之而不言,谓之隐;未见颜色而言,谓之瞽。”

【注】

愆:过失。

躁:急躁,浮躁。

隐:隐瞒,有意缄默。

言未及之而言:没轮到他说话却先说。及,到。《集解》:“孔曰:‘愆,过也。隐,匿不尽情实也。’郑曰:‘躁,不安静也。’周曰:‘未见君子颜色所趋向,而逆先意谓者,犹瞽也。’”《集注》:“瞽,无目,不能察言观色。”

【译文】

孔子曰:“侍奉君子容易犯三种过失:还没轮到他说话却先说,这叫做急躁;该说话了却不说,这叫做隐瞒;不看君子的脸色而贸然说话,这叫做瞎子。”

16.7 孔子曰:“君子有三戒:少之时,血气未定,戒之在色;及其壮也,血气方刚,戒之在斗;及其老也,血气既衰,戒之在得。”

【注】

戒:戒备,警惕。《集释》引皇侃疏:“一戒也少,谓三十以前也,尔时血气犹自薄少,不可过欲,过欲则为自损,故戒之也。二戒也壮……礼,三十壮而为室,故不复戒色也,但年齿已壮,血气方刚,性力雄猛者无所与让,好为争斗,故戒之也。三戒也老,年五十始衰,无复争斗之势,而戒之在得也。得,贪得也。”

【译文】

孔子说:“君子有三件事应该戒备:年轻的时候,血气未稳定,要戒除迷恋女色;到了壮年时,血气方刚,要戒除与人争斗;到老年时,血气衰弱,要戒除贪得无厌。”

16.8 孔子曰:“君子有三畏:畏天命,畏大人,畏圣人之言。小人不知天命而不畏也,狎大人,侮圣人之言。”

【注】

大人:《集释》程树德按:“大人有二说,郑主有位者,何主有位有德者。《朱子语录》:‘大人不止有位者,是指有位有齿有德者。’《易·革·九五》:‘大人虎变。’马融注谓舜与周公。盖凡在上位者皆谓之大人,汉人解经原如此,郑注义为长。”

狎(xiá):狎侮,轻慢,不尊重。

侮:轻侮。

【译文】

孔子说:“君子有三种畏惧:畏惧天命,敬畏在高位的人,敬畏圣人的言论。小人不懂得天命,因而也不敬畏,小人轻视在高位的人,轻侮圣人的言论。”

16.9 孔子曰:“生而知之者上也;学而知之者次也;困而学之,又其次也;困而不会,民斯为下矣。”

【注】

《集注》:“困,谓有所不通。言人之气质不同,大约有此四等。杨氏曰:‘生知、学知、以至困学,虽其质不同,然及其知者一也,故君子惟学之为贵。困而不学,然后为下。’”

【译文】

孔子说:“生来就有知识的,是上等;经过学习而有知识的,是次等;遇到困难然后学习,再次一等;遇到困难还不学习,这种人就是下等人了。”

16.10 孔子曰:“君子有九思:视思明,听思聪,色思温,貌思恭,言思忠,事思敏,疑思问,忿思难,见得思义。”

【注】

难:这里指发怒可能带来的灾难和留下的后患。

【译文】

孔子说:“君子有九种事情要思考:看,思考是否看得明白;听,思考是否听得清楚;脸色,思考是否温和;态度,思考是否庄重恭敬;说话,思考是否忠诚老实;做事,思考是否认真谨慎;有疑难,思考是否询问请教别人;愤怒时,思考是否会带来灾难和后患;见到财利,思考是否合于仁义。”

16.11 孔子曰:“见善如不及,见不善如探汤。吾见其人矣,吾闻其语矣。隐居以求其志,行义以达其道。吾闻其语矣,未见其人也。”

【注】

及:赶上,追上。

汤:沸水。

行义:依义而行。

达:达到;全面贯彻。

【译文】

孔子说:“看到善良的行为(就努力追求),就像怕自己赶不上似的;看到不善良的行为,就像把手伸进沸水里(要立即避开)。我见过这种人,我听过这种话。以隐居来求得保全自己的志向,以实行仁义来贯彻自己的主张。我听过这种话,没有见过这种人。”

16.12 齐景公有马千驷,死之日,民无德而称焉。伯夷、叔齐饿于首阳之下,民到如今称之。(“诚不以富,亦只以异。”)其斯之谓与。

【注】

千驷:古代一辆车套四匹马。驷是四匹马的统称,千驷即四千匹马。

首阳:首阳山,在今山西运城南,是伯夷、叔齐隐居处。

诚不以富,亦只以异:这两句原在《颜渊篇》第十章中,有人说应该加在这里,与“其斯之谓与”衔接。《集注》:“胡氏曰:‘程子以第十二篇错简‘诚不以富,亦只以异’当在此章之首,今详文势,似当在此句之上。言人之所称不在于富,而在于异也。’”

【译文】

齐景公有四千匹马,死的时候,人民认为他没有什么美德可称颂。伯夷、叔齐饿死在首阳山下,但人民到现在还称颂他们。(这实在不是因为富或不富,也只是因为品德行为的不同。)说的就是这个意思吧。

16.13 陈亢问于伯鱼曰:“子亦有异闻乎?”对曰:“未也。尝独立，鲤趋而过庭。曰：‘学《诗》乎？’对曰：‘未也。’‘不学《诗》，无以言。’鲤退而学《诗》。他日又独立，鲤趋而过庭。曰：‘学《礼》乎？’对曰：‘未也。’‘不学《礼》，无以立。’鲤退而学《礼》。闻斯二者。”陈亢退而喜曰：“问一得三，闻《诗》，闻《礼》，又闻君子之远其子也。”

【注】

陈亢：即陈子禽。

伯鱼：孔子的儿子，名鲤，字伯鱼。

异闻：与众不同的教诲。

趋：小步快走，以示恭敬。

无以言：无所以言，无用以言之。

远：远离，避开，不亲近。指对儿子不偏爱，无特殊照顾。

【译文】

陈亢问伯鱼：“你从老师那里听到过特别的教诲吗？”

伯鱼回答说：“没有。有一天，父亲一个人站在庭院中，我从他面前快步经过庭院。他问我：‘学习《诗经》了吗？’我回答说：‘没有。’父亲说：‘不学《诗经》不懂怎么说话。’我于是回去学习《诗经》。又有一天，父亲又独自站在庭院中，我从他面前快步经过庭院。父亲问我：‘学《礼》了吗？’我回答说：‘没有。’父亲说：‘不学《礼》就不懂得怎样立身。’我回去就学《礼》。我就听到这两件事。”陈亢回去高兴地说：“我提一个问题，得到了三方面的收获，听到了学《诗》的意义，听到了学《礼》的意义，还听到了君子并不偏爱自己的儿子。”

16.14 邦君之妻，君称之曰夫人，夫人自称曰小童；邦人称之曰君夫人，称诸异邦曰寡小君；异邦人称之亦曰君夫人。

【注】

邦君:诸侯国的国君。

小童:谦称。说自己幼稚如童子。《集解》:"孔曰:'小君,君夫人之称也。对异邦谦。故曰寡小君。当此之时,诸侯嫡妾不正,称号不审,故孔子正言其礼也。'"

【译文】

国君的妻子,国君称她为夫人,夫人自己谦称小童;国内的人称她为君夫人,对他国人讲则称为寡小君;他国人也称之为君夫人。

17. 阳货

17.1 阳货欲见孔子，孔子不见，归孔子豚。孔子时其亡也，而往拜之，遇诸涂。谓孔子曰："来！予与尔言。"曰："怀其宝而迷其邦，可谓仁乎？"曰："不可。""好从事而亟失时，可谓知乎？"曰："不可。""日月逝矣，岁不我与。"孔子曰："诺，吾将仕矣。"

【注】

阳货：又名阳虎、杨虎，是鲁国季氏的家臣。他曾一度掌握了季氏一家的大权，甚至掌握鲁国的大权，是孔子说的"陪臣执国命"的人物。阳货为了发展自己的势力，极力拉拢孔子为他做事。但孔子不愿随附阳货，就设法回避。后阳货因企图消除"三桓"未成而逃往国外，孔子最终也未仕于阳货。

归：同"馈"，赠送。

豚：小猪，这里指做熟了的小猪。

时：伺，窥探。

亡：不在。阳货送孔子豚是想让孔子回拜他，孔子不愿见阳货，趁他不在家时去回拜。

涂：通"途"。

怀：揣在怀里。怀宝，比喻怀藏着才能。

迷：乱。

好从事：喜好从事于政治。

不我与：不与我。与，等待。

【译文】

阳货想会见孔子，孔子不见，(阳货)赠给孔子一头蒸熟的小猪。孔子探听到阳货不在家，前往拜谢，两人在路上遇见了。(阳货)告诉孔子说："来！我和你说。"他接着说："自己怀揣着宝贝而使祖国迷失方向，这可以说是仁德吗？"孔子说："不可以。"阳货又说："喜欢参与政事而又屡次失去机会，这可以说是聪明吗？"孔子回答说："不可以。"阳货又说："时光一天天地流逝，岁月不等待我们。"孔子说："是啊！我将出来做官。"

17.2 子曰："性相近，习相远也。"

【注】

《集释》引皇侃疏："性者，人所禀以生也。习者，谓生后有百仪常所行习之事也。"按：据此可知，性，天性；习，习染。

【译文】

孔子说："人的本性是相近的，但由于习染不同才相距甚远了。"

17.3 子曰："唯上知与下愚不移。"

【注】

上知：上等的智者。

下愚：下等的愚人。

不移：不可移易，改变。

【译文】

孔子说："只有上等的智者和下等的愚人是不能改变的。"

17.4 子之武城，闻弦歌之声。夫子莞尔而笑，曰："割鸡焉用牛刀？"子游对曰："昔者偃也闻诸夫子曰：'君子学道则爱人，小人学道则易使也。'" 子曰:"二三子! 偃之言是也。前言戏之耳。"

【注】

之:到,往。动词。

武城:鲁国的小城邑。

莞尔:微笑的样子。

君子:做官者。

道:指礼乐。

爱人:爱护百姓。

二三子:学生们。

前言:刚才的那句话,指"割鸡焉用牛刀"。戏:开玩笑。

【译文】

孔子到了武城,听到弹琴唱诗的声音。孔子微笑着说:"杀鸡哪里用得着杀牛的刀呢?"子游回答说:"过去我听老师说过:'君子学了礼乐就会爱人,百姓学了礼乐就容易使唤。'" 孔子说:"学生们! 子游的话是对的。我刚才说的那句话是开玩笑罢了。"

17.5 公山弗扰以费畔,召,子欲往。子路不悦,曰:"末之也已,何必公山氏之之也。" 曰:"夫召我者,而岂徒哉? 如有用我者,吾其为东周乎!"

【注】

公山弗扰:季氏家臣,后据费邑叛季氏,失败后逃亡齐国,又奔吴国。

费邑:费,季氏的封邑,其家臣阳货、公山弗扰长期盘踞于此。

畔:"叛"的假借字。

末之也已:《集注》:"末,无也。言道既不行,无所往矣,何必公山氏之往乎?"按:之,往;已,停止。何必公山氏之之也,第一个"之"

是动词,“至”“到”。第二个“之”是代词,指代公山弗扰。意谓“何必到公山弗扰那里去呢?”

夫召我者,而岂徒哉?如有用我者,吾其为东周乎! :《集释》引皇侃疏:“孔子答子路所以欲往之意也。徒,空也。言夫欲召我者,岂容无事空然而召我乎,必有以也。若必不空然而用我时,则我当为兴周道也……欲于鲁而兴周道,故云吾其为东周也。”

《集注》:“岂徒哉,言必用我也。为东周,言兴周道于东方。程子曰:‘圣人以天下无不可为之事,亦无不可改过之人,故欲往。然而终不往者,知其必不能改故也。’”

【译文】

公山弗扰凭借费邑叛乱,(他)召请孔子,孔子想去。子路不高兴,说:“没有地方去就算了,何必到公山氏那里呢?”孔子说:“那个请我去的人,难道是白白请我去吗?如果有人用我,我将在东方复兴周文王、武王之道。”

17.6 子张问仁于孔子。孔子曰:“能行五者于天下为仁矣。”“请问之。”曰:“恭,宽,信,敏,惠。恭则不侮,宽则得众,信则人任焉,敏则有功,惠则足以使人。”

【注】

五者:指下面讲的五种品德。恭,庄重;宽,宽厚;敏,勤敏;惠,慈惠。侮,遭受侮辱。

人任:得到别人的任用。

【译文】

子张向孔子问怎样做到仁。孔子说:“能在天下实行五种品德,就是仁了。”子张说:“请问是哪五种品德?”孔子说:“庄重、宽厚、诚信、勤敏、慈惠。庄重就不会遭受侮辱,宽厚就能得到大家的拥护,诚信就能得到别人的任用,勤敏就能取得成功,慈惠就能容易地使唤百姓。”

17.7 佛肸召,子欲往。子路曰:昔者由也闻诸夫子曰:‘亲于其身为不善者,君子不入也。’佛肸以中牟畔,子之往也,如之何?”子曰:“然,有是言也。不曰坚乎,磨而不磷;不曰白乎,涅而不缁。吾岂匏瓜也哉?焉能系而不食?”

【注】

佛肸(bì xī):晋国大夫范中行的家臣,是中牟邑的行政长官。鲁哀公五年(前490),晋国赵简子攻打范氏,包围中牟,佛肸抵抗。佛肸召请孔子就在此时(事见《左传·哀公五年》)。

中牟:晋国大夫范中行的食邑,其地在今河北邢台和邯郸之间。

磨而不磷:磨薄,损伤。

涅而不缁:涅,染黑。缁,黑色。《集解》:“磷,薄也。涅,可以染皂者,言至坚者磨而不薄,至白者染之于涅而不黑,喻君子虽在浊乱,浊乱不能污。”按:皂,黑色。

吾岂匏瓜也哉?焉能系而不食:这句是比喻,指不能有本领而不用,即不能不去做官。孔子打算到佛肸那里,利用佛肸推翻晋国权臣赵鞅,以张大晋公室,然后在晋国恢复西周制度。

【译文】

(晋国大夫赵鞅专权,伐范氏,佛肸据中牟抵抗。)佛肸召请孔子,孔子想去。子路说:“从前我从老师那里听说:‘亲身做坏事的人那里,君子是不去的。’佛肸据中牟叛乱,您却要去,(这)为什么?”孔子说:“是啊,我说过这话,(但是)不是说坚硬的东西,磨也磨不薄吗?不是说洁白的东西,染也染不黑吗?我难道是个匏瓜吗?怎能只挂在那里,却不能吃呢?”

17.8 子曰:“由也!女闻六言六蔽矣乎?”对曰:“未也。”“居!吾语女。好仁不好学,其蔽也愚;好知不好学,其蔽也荡;好信不好学,其蔽也贼;好直不好学,其蔽也绞;好勇不好学,其蔽也乱;好刚不好学,其蔽也狂。”

【注】

女:同“汝”。你。

六言:六个字,即文中的仁、信、知、直、勇、刚德行的六个方面。

蔽:通“弊”,害处。《集注》:“六言皆美德,然徒好之而不学以明其理,则各有所蔽。愚若可陷可罔之类。荡,谓穷高极广而无所止。贼,谓伤害于物。勇者刚之发,刚者勇之体。狂,躁率也。”

居:坐。

其蔽也绞:《集解》:“马曰:‘绞,刺也。’”《注疏》:“刑疏:‘绞,刺人之非也。’”按:绞,说话尖酸刻薄,不通情理。

【译文】

孔子说:“仲由,你听说过六种美德和相关的六种弊病吗?”子路回答说:“没有。”(孔子说):“坐下!我告诉你。喜好仁德却不好学,其弊病是愚蠢;喜好智慧却不好学,其弊病是放荡;喜好诚实却不好学,其弊病是伤害自己和亲人;喜好直率却不好学,其弊病是说话尖酸刻薄;喜好勇敢却不好学,其弊病是容易闯祸;喜好刚强却不好学,其弊病是狂妄。”

17.9 子曰:“小子何莫学夫《诗》?《诗》可以兴,可以观,可以群,可以怨。迩之事父,远之事君;多识于鸟兽草木之名。”

【注】

小子:弟子。

夫:那,指示代词。

兴:本义是兴起,发动。这里指激发人的意志、感情,从而受到启发、鼓舞。

观:观察,察看。从而认识社会,考察得失,了解各地的风土人情。

群:合群。指通过感情交流,彼此感染,互相提高。

怨:抒发怨气,讥刺不良政治。《集解》:“孔曰:‘兴,引譬连类。’郑曰:‘观风俗之盛衰。’孔曰:‘群居相切磋。怨,刺上政。迩,近也。’”

多识于鸟兽草木之名:据顾栋高《毛诗类释》,《诗经》中鸟有43种,兽有40种,草有37种,木有36种。

【译文】

孔子说:“弟子们何不学习《诗经》呢?《诗经》可以激发人的意志和情感,可以提高观察能力,可以使人增强合群意识,可以抒发怨愤不平。从近处说可用诗中的道理侍奉父母,从远处说可以侍奉君主,还可多认识鸟兽草木的名字。”

17.10 子谓伯鱼曰:“女为《周南》《召南》矣乎?人而不为《周南》《召南》,其犹正墙面而立也与。”

【注】

伯鱼:孔子的儿子,名鲤,字伯鱼。

为:做,这里指学习。

《周南》《召南》:是《诗经》国风的前两部分。这里的意思是连《诗经》的这两篇都没学过,就像面对墙壁站着一样。

【译文】

孔子对伯鱼说:“你学过《周南》《召南》吗?人如果不学《周南》《召南》,就好像面对墙壁站着一样。”

17.11 子曰:“礼云礼云,玉帛云乎哉?乐云乐云,钟鼓云乎哉?”

【注】

玉帛:《集解》:“郑曰:‘玉,璋珪之属。帛,束帛之属。言礼非但崇此玉帛而已,所贵者,乃贵其安上治民。’马曰:‘乐之所贵者,移风易俗也。非谓钟鼓而已。’”

【译文】

孔子说:“礼呀礼呀,难道仅是玉帛之类的礼品吗?乐呀乐呀,难道仅是钟鼓之类的乐器吗?”

17.12 子曰:“色厉而内荏,譬如小人,其犹穿窬之盗也与?”

【注】

色厉而内荏:厉,严厉。荏,软弱。成语“色厉内荏”即源于此句。

窬:墙洞。穿窬之盗,挖墙洞偷东西的窃贼。

【译文】

孔子说:“脸色严厉而内心怯弱的人,若用小人作比喻,就像挖墙洞行窃的小偷吧?”

17.13 子曰:“乡原,德之贼也。”

【注】

乡原:全乡都视为好人的人,这种人看似实行中庸之道,实为混淆是非的老好人。

【译文】

孔子说:“不分是非的好好先生,是败坏道德的窃贼。”

17.14 子曰:“道听而涂说,德之弃也。”

【注】

涂:通“途”。《集解》:“马曰:‘闻之于道路,则传而说之’。”

【译文】

孔子说:“在路上听到传闻,就沿途传播,这是对道德的背弃。”

17.15 子曰:“鄙夫可与事君也与哉?其未得之也,患得之;既得之,患失之。苟患失之,无所不至矣。”

【注】

鄙夫:卑鄙,庸俗,这里指品质恶劣的人。

患得之:《集注》:“患得之,谓患不能得之。小则吮痈舐痔,大则弑父与君,皆生于患失而已。”

无所不至:《集解》:“无所不至者,言其邪媚,无所不为。”

【译文】

孔子说:“一个卑鄙的人,怎么可以和他一起侍奉君主呢?他没得到(职位、俸禄)的时候,怕得不到;已经得到了,又怕失去。如果总怕失去,他什么坏事都能干得出来。”

17.16 子曰:“古者民有三疾,今也或是之亡也。古之狂也肆,今之狂也荡;古之矜也廉,今之矜也忿戾;古之愚也直,今之愚也诈而已矣。”

【注】

疾:缺点。

廉:器物的棱角,引申为人的行为刚正不阿。

矜:骄傲,自尊自大。

忿戾:蛮横无礼。

《集注》:“气失其平则为疾,气禀之偏者亦谓之疾。昔所谓疾,今亦无之,伤俗之益衰也。狂者志愿太高,肆谓不拘小节,荡则逾大大限矣。矜者持守太严,廉谓棱角峭厉,忿戾则至争矣。愚者昧暗不明，直谓径行自遂，诈则挟私妄作矣。”

【译文】

孔子说：“古代的百姓有三种缺点，现在或许连这些缺点也没有了。古代的狂妄的人肆意直言，现在的狂妄的人却放荡不羁；古代的矜持的人只是棱角锋利使人不能触犯，现在矜持的人却蛮横无理；古代愚笨的人直率，现在愚笨的人不过是欺诈罢了。”

17.17 子曰：“巧言令色，鲜矣仁。”

【注】

令：美好。

鲜：很少。

此章重出，见《学而》第三章。

【译文】

孔子说：“花言巧语，一副和气善良的脸色，这种人是很少有仁德的。”

17.18 子曰：“恶紫之夺朱也，恶郑声之乱雅乐也，恶利口之覆邦家者。”

【注】

恶(wù)：厌恶。

紫之夺朱：朱，大红色，是正色。紫色是杂色。春秋时代，鲁桓公和齐桓公都喜欢穿紫色衣服。江永《群经补议》：“春秋末，卫浑良夫紫衣狐裘，太子数其罪而杀之。”注：“紫衣，君服。则当时竟竞尚紫矣，故曰恶紫之夺朱。”《左传·哀公十七年》杜预注：“紫衣，君服。”

郑声：郑国的乐曲。

乱：破坏，扰乱。

雅乐:正统音乐。

利口:强咀利舌。

覆:颠覆。

【译文】

孔子说:“我憎恶紫色侵夺红色,憎恶郑国乐曲破坏了雅乐,憎恶用伶牙俐齿颠覆国家的人。”

17.19 子曰:“予欲无言。”子贡曰:“子如不言,则小子何述焉?”子曰:“天何言哉?四时行焉,百物生焉,天何言哉?”

【注】

小子:弟子自称。

述:传述。

四时:春、夏、秋、冬。

【译文】

孔子说:“我想不讲话了。”子贡说:“您如果不讲话,我们这些学生传述什么呢?”孔子说:“天说过什么呢?四季照样运行,百物照样生长,天说了什么呢?”

17.20 孺悲欲见孔子,孔子辞以疾。将命者出户,取瑟而歌,使之闻之。

【注】

孺悲:鲁国人,曾向孔子学习“士丧礼”。

将命者:传话的人。

【译文】

孺悲想要求见孔子,孔子推脱有病。传话的人刚出门,孔子便拿过瑟来弹唱,使传话人听到弦歌声。

17.21 宰我问:“三年之丧,期已久矣。君子三年不为礼,礼必坏;三年不为乐,乐必崩。旧谷既没,新谷既升,钻燧改火,期可已矣。”

子曰:“食夫稻,衣夫锦,于女安乎?”曰:“安。”“女安则为之。夫君子之居丧,食旨不甘,闻乐不乐,居处不安,故不为也。今女安,则为之!”宰我出,子曰:“予之不仁也!子生三年,然后免于父母之怀,夫三年之丧,天下之通丧也。予也有三年之爱于其父母乎?”

【注】

钻燧改火:即“钻木取火”。《集解》:“马曰:‘《周书·月令》有更火之文。春取榆柳之火,夏取杏枣之火,季夏取桑拓之火,秋取柞楢之火,冬取槐檀之火。一年之中,钻火各异木,故曰改火。’”按:孔子时代已不用钻木取火了,这是用古语、古事。

食夫稻:古代北方以稻米为珍品,居丧的人不能吃。

衣夫锦:指居丧要穿素色麻布衣服,不能穿彩色绸衣。衣,动词,穿。

旨:美味。《说文解字》:“旨,美也。”

甘:《说文解字》:“甘,美也。”段注:“甘为五味之一,而五味可口者皆为甘。”

居处:平日住的好房子。古代孝子要住在临时搭建的草棚或草屋里守孝三年,睡在草垫上,用土块当枕头。

有三年之爱于其父母乎:其,自己,反身代词。

【译文】

宰我问道:“父母之丧三年,为期太长了。君子三年不习礼仪,礼仪必定荒废了;三年不演奏音乐,音乐必定会失传。旧谷子已经吃完了,新谷子已上场,取火用的木料也都轮了一遍,守孝一周年也就可以了。”

孔子说:“(父母去世还不满三年)你就吃大米饭,穿锦缎衣,你心安吗?”宰我说:“心安。”孔子说:“你心安,你就这样做吧。君子居丧守孝,吃美味不觉得香甜,听音乐不觉得快乐,住在家里不觉得舒适,所以不这样做。现在你觉得心安,你就这样做吧!”宰我出去了,孔子说:“宰予真不仁啊!孩子出生三年,才能离开父母的怀抱,为父母守孝三年是天下通行的丧礼。宰予不也从他父母那里得到过三年怀抱的爱抚吗?”

17.22 子曰:“饱食终日,无所用心,难矣哉!不有博弈者乎?为之,犹贤乎已。”

【注】

博:古代的一种棋类游戏。焦循《孟子正义》:“盖弈但行棋,博以掷采,而后行棋,后来不行棋而专掷采,遂称掷采为博。”按:采,即骰子,掷采,掷骰子;弈,围棋。

贤:胜过。

【译文】

孔子说:“整天吃得饱饱的,却什么事也不用心,(这种人)真难办啊!不是有掷采下棋的游戏吗?去下下棋,也比什么都不做要好些。”

17.23 子路曰:“君子尚勇乎?”子曰:“君子义以为上。君子有勇而无义为乱,小人有勇而无义为盗。”

【注】

尚:崇尚。与“义以为上”的“上”同义。“尚勇”即“以勇为上”。

【译文】

子路说:“君子崇尚勇敢吗?”孔子说:“君子以为义是最高尚的。君子只有勇没有义,就会犯上作乱,小人只有勇没有义就会做强盗。”

17.24 子贡曰:“君子亦有恶乎?”子曰:“有恶。恶称人之恶者,恶居下流而讪上者,恶勇而无礼者,恶果敢而窒者。”曰:“赐也亦有恶乎?”“恶徼以为知者,恶不孙以为勇者,恶讦以为直者。”

【注】

恶(wù):这里指憎恶的事。

流:据惠栋《九经古义》和冯登府《论语异文考证》,“流”字是衍文。按:书籍中由于排版,传抄错误而多出来的字句叫衍文。

讪:讥讽,毁谤。

窒:阻塞,这里指顽固不化。

徼(jiǎo):抄袭,窃取。

孙:同“逊”。

讦(jié):攻击别人的短处。揭发别人的隐私。

【译文】

自贡说:“君子也有憎恶吗?”孔子说:“有憎恶。憎恶传扬别人坏处的人,憎恶身居下位而诽谤上位的人,憎恶勇敢而没礼貌的人,憎恶果敢却顽固不化的人。”孔子问:“端木赐呀,你也有憎恶吗?”子贡说:“我憎恶剽窃别人成果还自以为聪明的人,憎恶不谦逊却自以为勇敢的人,憎恶攻击揭发别人短处却自以为直率的人。”

17.25 子曰:“唯女子与小人为难养也,近之则不孙,远之则怨。”

【注】

女子:《发现〈论语〉》认为:女,母亲;女子,母亲之子——幼儿、幼女。

小人:庶民。

养:供养,共同相处。这里指的是对婢妾和仆隶下人,故用“养”字。

不孙：不恭顺，不守规矩。孙，同“逊。”

【译文】

只有母亲的幼儿、幼女和庶民是难以教养的，太亲近了他们会无礼，太远了他们就会怨恨。

17.26 子曰：“年四十而见恶焉，其终也已。”

【注】

见恶：被人厌恶。见，表示被动。

【译文】

孔子说：“年纪到了四十岁还被人讨厌，他这一辈子算是完了。”

18. 微子

18.1 微子去之,箕子为之奴,比干谏而死。孔子曰:“殷有三仁焉。”

【注】

微子:名启,商纣王的同母兄。微子出生时,其母亲还只是帝乙的妾,她后来被立为正妻,才生下纣,所以纣继承了王位。纣王无道,微子谏不听,遂隐居荒野。

箕子:名胥余,商纣王的叔父。曾多次劝谏纣王,无效后装疯,被降为奴隶。

比干:商纣王的叔父,曾力谏纣王,纣王听说圣人心有七窍,便剖开他的心。

【译文】

(纣王暴虐)微子离开了纣王,箕子被纣王降为奴隶,比干因劝谏被纣王杀死。孔子说:“商朝有三位仁人。”

18.2 柳下惠为士师,三黜。人曰:“子未可以去乎?”曰:“直道而事人,焉往而不三黜?枉道而事人,何必去父母之邦?”

【译文】

柳下惠任掌管司法刑狱的官,多次被免职。有人说:“您不能离开这里吗?”柳下惠说:“以正直事人,到哪里去能够不多次被罢免?不以正直事人,又何必离开自己的祖国呢?”

18.3 齐景公待孔子曰:“若季氏,则吾不能;以季、孟之间待之。”

曰:“吾老矣,不能用也。”孔子行。

【注】

以季、孟之间待之:《集解》:“孔曰:‘鲁三卿,季氏为上卿,最贵。孟氏为下卿,不用事。言待之以二者之间。’”

吾老矣:这是齐景公说的话。《史记·孔子世家》:“异日,景公止孔子曰:‘奉子以季氏,吾不能。’以季孟之间待之。齐大夫欲害孔子,孔子闻之。景公曰:‘吾老矣,弗能用也。’孔子遂行,反乎鲁。”

【译文】

齐景公讲对孔子的待遇说:“如果像鲁君对待季氏那样对待孔子,我做不到;只能用介于季氏和孟氏之间的待遇对待他。”(不久)景公又说:“我老了不能用他了。”于是孔子离开了齐国。

18.4 齐人归女乐,季桓子受之。三日不朝,孔子行。

【注】

归:同“馈”,赠送。

女乐:歌姬,舞女。

季桓子:鲁国贵族,姓季孙,名斯,季康子之父。

【译文】

齐国赠送歌姬、舞女给鲁国,季桓子接受了。(季恒子)三天不上朝,孔子就离职走了。

18.5 楚狂接舆歌而过孔子曰:“凤兮!凤兮!何德之衰?往者不可谏,来者犹可追。已而,已而!今之从政者殆而!”孔子下欲与之言,趋而辟之,不得与之言。

【注】

接舆:楚国的一位贤士隐者,为了逃避现实而装疯。

凤:凤凰,传说天下政治清明时凤凰会出现,政治污浊时凤凰隐去。这里比喻孔子。

衰:衰微。

谏:规劝,劝阻。不可谏,不能挽回。

追:赶得上。

辟:同“避”。

【译文】

楚国的狂人接舆唱着歌走过孔子的车子,他唱道:“凤凰啊!凤凰啊!为什么道德如此衰微?过去的不可能挽回了,将来的还来得及。算了吧,算了吧!现在的从政者多么危险啊!”孔子下了车,想跟他说话。接舆快步避开孔子,孔子没能同他说话。

18.6 长沮、桀溺耦而耕,孔子过之,使子路问津焉。长沮曰:“夫执舆者为谁?”

子路曰:“为孔丘。”曰:“是鲁孔丘与?”曰:“是也。”曰:“是知津矣。”

问于桀溺。桀溺曰:“子为谁?”曰:“为仲由。”曰:“是鲁孔丘之徒与?”

对曰:“然。”曰:“滔滔者天下皆是也,而谁以易之?且而与其从辟人之士也,岂若从辟世之士哉!”櫌而不辍。子路行以告。夫子怃然曰:“鸟兽不可与同群,吾非斯人之徒与而谁与?天下有道,丘不与易也。”

【注】

长沮、桀溺:两个隐士。

执舆:《集注》:“执舆,执辔在车也。”

辟人之士:躲避坏人的人,指孔子。辟,同“避”。

耰(yōu):播下种子后用土盖上,再用耙将土耙平。

辍:停止。

怃然:怅然失意的样子。

易:变易,改革。

【译文】

长沮、桀溺二人用耦协力耕田,孔子路过那里,让子路去询问渡口在什么地方。长沮说:"那个驾车的是谁?"

子路说:"是孔丘。"长沮说:"是鲁国的孔丘吗?"子路说:"是的。"长沮说:"那他知道渡口在哪里了。"

子路再问桀溺。桀溺说:"你是谁?"子路说:"我是仲由。"桀溺说:"是鲁国孔丘的弟子吗?"子路说:"是的。"

桀溺说:"滔滔的洪水,普天下都是这样,你们与谁去改变它?你与其跟从逃避坏人的人,还不如跟从逃避整个社会的人。"说完继续耙土不停地覆盖播下的种子。

子路回来把这些话告诉了孔子。孔子怅然说:"人与鸟兽是不可以同群的,我不与天下的人打交道,又同谁一起呢?若是天下太平,我孔丘也就不参与变革了。"

18.7 子路从而后,遇丈人,以杖荷蓧。子路问曰:"子见夫子乎?"

丈人曰:"四体不勤,五谷不分,孰为夫子?"植其杖而芸。子路拱而立。

止子路宿,杀鸡为黍而食之,见其二子焉。

明日,子路行,以告。

子曰:"隐者也。"使子路反见之。至,则行矣。

子路曰:"不仕无义。长幼之节,不可废也;君臣之义,如之何其废之？欲洁其身，而乱大伦。君子之仕也，行其义也。道之不行，已知之矣。”

【注】

丈人：老人。

荷：挑，担，扛。

蓧(diào)：古代田中除草的工具。

夫子：指孔子。

四体：四肢。

植其杖：使其杖直立，即插在田边。

芸：耕耘，除草。

拱：拱手，表示敬意。

黍：黏黄米，当时是较珍贵的主食，常用以待客。

食(sì)：拿食物给人吃。

见其二子：见，同“现”。指丈人使子路见到自己的两个儿子。

反：同“返”，返回。

【译文】

子路跟随孔子周游列国，有一次落在了后面，遇见一位老人，用拐杖挑着除草的工具蓧。子路问：“您看见我的老师了吗？”老人说：“四肢不劳动，五谷分不清，谁知道哪个是你的老师呢？”说完把拐杖插在地上开始除草。

子路拱着手恭敬地站着。

老人留子路在他家住宿，杀鸡做黍米饭给子路吃，又叫他的两个儿子出来见子路。

第二天子路赶上了孔子，把这件事告诉了孔子。

孔子说：“这是一位隐士。”叫子路再回去看看他，子路到了那里，老人已经走了。

子路说:“不出来做官,是没有道理的。既然长幼之间的礼节不可废弃;群臣之间的道义,又怎能废弃呢?想洁身自好,反而破坏了君臣之间根本的伦理关系。君子出来做官,是为了实行君臣之间的道义。至于我们的政治主张行不通,那早就知道了。”

18.8 逸民:伯夷、叔齐、虞仲、夷逸、朱张、柳下惠、少连。子曰:“不降其志,不辱其身,伯夷、叔齐与!”谓:“柳下惠、少连,降志辱身矣。言中伦,行中虑,其斯而已矣。”谓:“虞仲、夷逸,隐居放言,身中清,废中权。我则异于是,无可无不可。”

【注】

逸民:隐居不仕的人或失去政治经济地位的贵族。《集注》:“逸,遗逸。民者,无位之称,虞仲,即仲雍,与泰伯同窜荆蠻者。夷逸、朱张不见经传。少夷,东夷人。”按:虞仲为推辞王位,与兄泰伯一同隐至荆蛮。见《泰伯篇》第一章注。

夷逸:古代隐士,自称是牛,可耕于野,而不忍被诱入太庙为牺牲。

中:符合,合于。

言中伦,行中虑:言语合乎伦理,行为深思熟虑。

隐居放言:隐居起来,不谈世事。放,放置。

【译文】

古来遁世隐居的人才有伯夷、叔齐、虞仲、夷逸、朱张、柳下惠、少连。孔子说:“不贬抑自己的心志,不辱没自己的身份,就是伯夷、叔齐吧!”又说:“柳下惠、少连,降低了自己的志向,辱没了自己的身份,但言语合乎论理,行为深思熟虑,他们只是这样做而已。”又说:“虞仲、夷逸,过隐居生活,说话放纵无忌,能保持自身清白,废弃官位而合乎权宜变通。我就和他们不同,没有什么可以,也没有什么不可以。”

18.9 大师挚适齐,亚饭干适楚,三饭缭适蔡,四饭缺适秦,鼓方叔入于河,播鼗武入于汉,少师阳、击磬襄入于海。

【注】

大师挚:鲁国职位最高的乐官。见《泰伯》地十五节注。

适:去,到。

亚饭:周朝天子和诸侯吃饭时要奏乐,故乐官有“亚饭”“三饭”“四饭”之名。

干:与下文的“缭”“缺”均为乐师名。

河:专指黄河。

播鼗(táo)武:播,摇;鼗,长柄摇鼓。武,摇鼓乐师的名字。

少师阳:少师,乐官的助手;阳,助手的名字。

击磬襄:击磬的乐师,名襄。

入于海:入居海边。

《集解》:“鲁哀公时,礼崩乐坏,乐人皆去。”

【译文】

大师挚逃到齐国,亚饭乐师干逃到楚国,三饭乐师缭逃到蔡国,四饭乐师缺逃到秦国,打鼓的乐师方叔逃到黄河边,摇小鼓的乐师武逃到汉水边,少师阳和击磬的乐师襄逃到海边。

18.10 周公谓鲁公曰:“君子不施其亲,不使大臣怨乎不以。故旧无大故,则不弃也。无求备于一人。”

【注】

周公:周公旦,孔子心目中的圣人。

鲁公:周公之子伯禽。周公封于鲁,因要辅佐成王,派儿子伯禽到鲁国做君主,称为鲁公。

施:同“弛”,疏远,怠慢。

以:用,任用。

故旧:老臣旧友。

《集注》:“李氏曰:‘四者皆君子之事,忠厚之至也。’胡氏曰:‘此伯禽受封之国,周公训诫之辞,鲁人传颂,久而不忘。’”

【译文】

周公告诉鲁公说:“君子不疏远他的亲属,不能让大臣怨恨不任用他们。老臣旧友如果没有大错误,不要抛弃他们。不要对一个人求全责备。”

18.11 周有八士:伯达、伯适、仲突、仲忽、叔夜、叔夏、季随、季騧。

【注】

八士:《集注》:“或曰成王时人,或曰宣王时人,盖一母四乳而生八子也,然不可考矣。”

【译文】

周朝有八位名士:伯达、伯适、仲突、仲忽、叔夜、叔夏、季随、季騧。

19. 子张

19.1 子张曰:"士见危致命,见得思义,祭思敬,丧思哀,其可已矣。"

【注】

致:献出,舍弃。

【译文】

子张说:"读书的人见到危险能够献出生命,看到有利可得就考虑是否合义,祭祀时考虑严肃恭敬,居丧时想到悲伤哀痛,这样就可以了。"

19.2 子张曰:"执德不弘,信道不笃,焉能为有?焉能为亡?"

【注】

执:守。

弘:扩大,宏大。

笃:厚,忠实。

焉能为有,焉能为亡:《集释》:"程按:皇《疏》:'世无此人不足为轻,有此人不足为重。'"

【译文】

子张说:"执守道德不能弘扬光大,信守道义不能忠诚专一,这种人有他不多,无他不少。"

19.3 子夏之门人问交于子张。子张曰:"子夏云何?"对曰:"子夏曰:‘可者与之,其不可者拒之。’”子张曰:“异乎吾所闻:君子尊贤而容众,嘉善而矜不能。我之大贤与,于人何所不容?我之不贤与,人将拒我,如之何其拒人也?”

【注】

问交:《集解》:“问交,问与人交接之道。”

与:相与,交往。

容众:容纳众人。

嘉:赞美。

【译文】

子夏的学生向子张问交友之道。子张说:“子夏怎么说的?”子夏的学生回答说:“子夏说:‘可以交的就交,不可交的就拒绝他。’”子张说:“这跟我所听到的不同:君子尊敬贤德的人,也容纳普通的人;称赞好人,也怜惜无能的人。我如果是个大贤人,对于他人有什么不能容纳的呢?我如果是不贤的人,别人将拒绝我,我又怎么去拒绝别人呢?”

19.4 子夏曰;“虽小道,必有可观者焉,致远恐泥,是以君子不为也。”

【注】

小道:小的技艺。古代把医、乐、百工都归于此类。

致远恐泥:致,达到。《玉篇》:“致,至也。”泥,陷住,阻滞。《广韵》:“泥,滞陷不通,”

【译文】

子夏说:“即使是小技艺,也一定有可取之处,但对远大事业恐怕会有妨碍,所以君子不去做。”

19.5 子夏曰:“日知其所亡,月无忘其所能,可谓好学也已矣。”

【注】

亡(wú):同“无”。《集注》:“亡,无也,谓己之所未及。”

【译文】

子夏说:“每天能学到一些自己所没有的知识,每月能不忘记自己所学到的知识,这可说是好学了啊。”

19.6 子夏曰:“博学而笃志,切问而近思,仁在其中矣。”

【注】

《集释》引皇侃《论语义疏》:“博,广也,笃,厚也。志,识也。言人当广学经典而深厚识录之不忘也。切,犹急也。若有所未达之事,宜急咨问取解,故云切问也。近思者,若所思,则宜思己所已学者,故曰近思也。能如上事,虽未是仁,而方可能为仁,故云仁在其中矣。”

【译文】

子夏说:“广博地学经典,深刻牢固地记住,不懂的问题宜急切咨问求解,新学的知识要经常思考,仁德就在这中间了。”

19.7 子夏曰:“百工居肆以成其事,君子学以致其道。”

【注】

百工:各种手工业者。

肆:作坊,商店。

【译文】

子夏说:“各种手工业者在店铺制作和出售产品,君子则通过学习达到圣贤之道。”

19.8 子夏曰:“小人之过也必文。”

【注】

文:修饰,掩饰。《集解》:“孔曰:‘文饰其过,不言情实。’”

【译文】

子夏说:“小人对自己的过错必定加以掩饰。”

19.9 子夏曰:“君子有三变:望之俨然,即之也温,听其言也厉。”

【注】

望:远望。

俨然:庄严,庄重。

即:靠近。

温:温和。

厉:《集解》:“厉,严正也。”

【译文】

子夏说:“君子有三种变化:远远地望他,庄重严肃;接近他,温和可亲;听他说话义正辞严。”

19.10 子夏曰:“君子信而后劳其民;未信,则以为厉己也。信而后谏;未信,则以为谤己也。”

【注】

信:取得信任。

劳:“使……劳”,役使,动员。

厉:折磨,虐待。

【译文】

子夏说:“君子必须先取得信任然后才使唤民众;没得到信任,民众会以为是虐待自己。君子必须先取得信任后,再去劝谏(国君);没得到信任,国君会认为是毁谤自己。”

19.11 子夏曰:“大德不逾闲,小德出入可也。”

【注】

大德不逾闲:《集注》:“大德、小德,犹言大节、小节。闲,栏也。所以止物之出入。”

【译文】

子夏说:“大的道德规范不越过界限,小的道德规范有点出入是可以的。”

19.12 子游曰:“子夏之门人,小子当洒扫应对进退,则可矣,抑末也。本之则无,如之何?”

子夏闻之,曰:“噫,言游过矣!君子之道,孰先传焉?孰后倦焉?譬诸草木,区以别矣。君子之道,焉可诬也?有始有卒者,其惟圣人乎?”

【注】

“子夏之门人小子……”有两种断句。一是以“门人小子”为句,一是以“子夏门人”为句。《集释》:“程按:《论语稽》:‘门人对师之称,小子对长者之称,细味经文语气宜仍以门人小子为句。’此恐不然,小子即门人,观《曾子有疾》章‘吾知免夫小子’,此小子即门人也。古人无此累赘重复文法,仍以属下读为是。”周按:程认为应以“子夏之门人”为句。

抑:但是。

末:树梢,引申为细枝末节。

本:树根,引申为根本。

本之则无:根本的东西没学到。

孰先传焉,孰后倦焉:周按:倦有多解,莫衷一是。《集注》认为:“倦,如诲人不倦之倦。”也没讲清,我们据此可把“倦”解为“教诲”。

区以别矣:以区别,即彼此区别,因材施教。

诬:歪曲。

【译文】

子游说:“子夏的学生,干一些打扫卫生、接待宾客的工作还可以,可是这只是些小事末节,根本的学问没学到,这怎么可以呢?”

子夏听到后,说:“咳,言游错了!君子的教育方法,哪一些先传授,哪一些后教诲?比如花草树木,各有种类区别。君子的教育方法,怎么可以歪曲呢?能够有始有终,因材施教的,大概只有圣人了吧!”

19.13 子夏曰:“仕而优则学,学而优则仕。”

【注】

优:有余力。《集解》:“马曰:‘仕优则学,行有余力则可以学文也。’”

【译文】

子夏说:“做官有余力了便可以去学习,学习有余力了便可以去做官。”

19.14 子游曰:“丧致乎哀而止。”

【注】

丧:居丧。

致:达到。《集解》引《四书偶谈》:“孔安国曰:‘丧恐灭性,故致哀而止,勿过情也。’”

【译文】

子游说:“居丧能充分表现悲哀之情就可以了。”

19.15 子游曰："吾友张也为难能也，然而未仁。"

【注】

《集解》："包曰：'言子张容仪难及。'"《集解》引皇侃疏："张，子张也。子游言吾同志之友子张，容貌堂伟，难为人所能及，故云为难能也。"

【译文】

子游说："我的朋友子张是难能可贵的了，但还没有达到仁的境界。"

19.16 曾子曰："堂堂乎张也，难与并为仁矣。"

【注】

堂堂：仪表堂堂。《集解》："郑曰：'言子张容仪盛而于仁道薄也。'"

【译文】

曾子说："仪表堂堂的子张，别人却很难和他一起做到仁。"

19.17 曾子曰："吾闻诸夫子：人未有自致者也，必也亲丧乎。"

【注】

致：竭尽全力，这里指充分表露内心的真实感情。《集注》："致，尽其极也，盖人之真情所不能自已者。"按：已，停止，引申为"控制"。《集解》："马曰：'言人虽未能自致尽他事，至于亲丧，必自致尽。'"

【译文】

曾子说："我从老师那里听说：人的感情在平时不会自动发挥到极致，（如果有，）必定是在父母去世的时候吧。"

19.18 曾子曰："吾闻诸夫子：孟庄子之孝也，其他可能也；其不改父之臣与父之政,是难能也。”

【注】

孟庄子:鲁国大夫,名仲孙速。其父是孟献子仲孙蔑。

可能:可以做到。

不改父之臣:不改换父亲的旧臣。

难能:难以做到。

《集注》:“孟庄子,鲁大夫名速,其父献子,名蔑。献子有贤德,而庄子能用其臣,守其政,故其他孝行虽有可称,而皆不若此事为难。”

【译文】

曾子说:“我从老师那里听说过:孟庄子的孝,其他的都容易做到,而不更换他父亲的家臣,不改变他父亲的政治措施,这是别人难以做到的。”

19.19 孟氏使阳肤为士师,问于曾子。曾子曰:“上失其道,民散久矣。如得其情,则哀矜而勿喜。”

【注】

阳肤:曾子的学生。

士师:《集释》引皇侃疏:“孟氏。鲁下卿也……士师,狱官也。孟氏使阳肤为己家狱官也。”按:狱官,即法官。

民散:民心叛离。

哀矜:哀怜,同情。

【译文】

孟氏任命阳肤为狱官,阳肤向曾子请教。曾子说:“在上位的不按正道办事,民心早已叛离。如果能审查出犯人犯罪的实情,应该可怜他们,同情他们,千万不能沾沾自喜。”

19.20 子贡曰："纣之不善，不如是之甚也。是以君子恶居下流，天下之恶皆归焉。"

【注】

纣：商代亡国之君，暴虐无道，周武王伐纣，纣自焚而死。

下流：《集注》："下流，地形卑下之处，众流之所归，喻人身有污贱之实，亦恶名之所聚也。自贡言此，欲人常自警醒，不可一置其身于不善之地，非谓纣本无罪，而虚被恶名也。"

【译文】

子贡说："纣王的不善，不如传说的这样严重。所以君子厌恶居于下流，(一旦居于下流，)天下所有的坏事都会归到他头上。"

19.21 子贡曰："君子之过也，如日月之食焉。过也，人皆见之；更也，人皆仰之。"

【注】

更：变更，更改。

仰：仰望，敬仰。

【译文】

子贡说："君子的过错，就像日食和月食一样。他犯错了，人人都能看见；改正错误了，人人都仰望他。"

19.22 卫公孙朝问于子贡曰："仲尼焉学？"子贡曰："文武之道，未坠于地，在人。贤者识其大者，不贤者识其小者，莫不有文武之道焉。夫子焉不学？而亦何常师之有？"

【注】

公孙朝：《集注》："公孙朝，卫大夫。文武之道，谓文王，武王之谟训功烈，与凡周制礼乐文章皆是也。在人言人有能记之者。识，记也。”

未坠于地:指流传在人间。

【译文】

卫国的大夫公孙朝问子贡说:“仲尼的学问是从哪里学来的?”子贡说:“周文王、周武王的教化之道,并没有失传,还流传在人间。贤能的人了解记住大的方面,不贤的人了解记住小的方面,无处不有文武之道。我的老师何处不学呢?又何尝有固定的老师呢?”

19.23 叔孙武叔语大夫于朝曰:“子贡贤于仲尼。”子服景伯以告子贡。子贡曰;“譬之宫墙,赐之墙也及肩,窥见室家之好。夫子之墙数仞,不得其门而入,不见宗庙之美,百官之富。得其门者或寡矣。夫子之云,不亦宜乎!”

【注】

叔孙武叔:《集注》:“武叔,鲁大夫,名州仇。墙卑室浅。七尺曰仞。不入其门,则不见其中之所有。言墙高而宫广也。此夫子指武叔。”

子服景伯:鲁国大夫。

以告:以之告。

宫墙:围墙。

赐:子贡自称。

夫子:指孔子。

【译文】

叔孙武叔在朝中对大夫们说:“子贡比仲尼贤德。”子服景伯把这话告诉了子贡。子贡说:“譬如房屋的围墙,我们的围墙只有肩膀那么高,站在墙外很容易看到我家的好东西。老师的围墙有几丈高,如果找不到门走进去,就看不见华美的宗庙和官吏们富丽的房舍。能找到门进去的人或许太少了。叔孙武叔老夫子这样说不也很自然吗?”

19.24 叔孙武叔毁仲尼。子贡曰:“无以为也!仲尼不可毁也。他人之贤者,丘陵也,犹可逾也;仲尼,日月也,无得而逾焉。人虽欲自绝,其何伤于日月乎?多见其不知量也。”

【注】

无以为也:《集注》:“无以为,犹言无用为此。”按:以,用。“无以为”是倒装句,顺言即“为无以”,即这样做无用。

无得而逾焉:焉,之。“焉”也是兼词,是“之于”“之乎”的合音。

自绝:自绝于日月。

多见其不自量也:承上省略“叔孙武毁仲尼”;多,“适”的假借字,义为“恰好”。《词诠》:“‘适’,适然也,于一事实与别一事实巧相会合时用之,今言‘恰好’‘恰巧’。”

不知量:不自量。

【译文】

叔孙武叔毁谤仲尼。子贡说:“不要这样做!仲尼是毁谤不了的。别人的贤德 像丘陵,还可以逾越;仲尼的贤德就像太阳和月亮,是无法超越的。虽然有人要自绝于太阳和月亮,那对太阳和月亮有什么损害呢?只不过表明其自不量力罢了。”

19.25 陈子禽谓子贡曰:“子为恭也,仲尼岂贤于子乎?”子贡曰:“君子一言以为知,一言以为不知,言不可不慎也。夫子之不可及也,犹天之不可阶而升也。夫子之得邦家者,所谓立之斯立,道之斯行,绥之斯来,动之斯和。其生也荣,其死也哀。 如之何其可及也?”

【注】

陈子禽:即陈亢,见《学而》注。

谓:告诉。《集注》:“谓,犹告也。”

得邦家:指得国而为诸侯,得彩邑而为卿大夫。《集解》:“孔曰:‘得邦家谓为诸侯及卿大夫。’”《集注》:“为恭,谓为恭敬,推逊其师也。道,引也,谓教之也。行,从也。绥,安也。来,归附也。动,谓鼓舞之也。和,所谓于变时雍,言其感应之妙,神速如此。荣,谓莫不尊亲,哀则如丧考妣。”

立之斯立:立,自立。与“三十而立”“己欲立而立人”的“立”同义。立之,使之立。《集注》也用了此义。许多注本解为“立于礼”,不知有何依据。斯:就。

动之斯和:动,感动,感化;斯,就;和,和睦,和谐。

【译文】

陈子禽告诉子贡说:“你太谦恭了,仲尼难道比你贤德吗?”子贡说:“君子一句话可以表现出明智,一句话也可以表现出不明智,说话不可不谨慎呀。我的老师是不可企及的,就像天不能用梯子爬上去一样。我的老师如果能获得治理国家的权位,真所谓要使百姓自立就自立,引导百姓前进就前进,他安抚百姓,百姓从远方来投靠,他动员百姓就会齐心协力。他生得光荣,死得可哀。这怎么能赶得上呢?”

20. 尧曰

20.1 尧曰:“咨！尔舜！天之历数在尔躬,允执其中。四海困穷,天禄永终。”

舜亦以命禹。

曰:“予小子履,敢用玄牡,敢昭告于皇皇后帝:有罪不敢赦。帝臣不蔽,简在帝心。朕躬有罪,无以万方;万方有罪,罪在朕躬。”

周有大赉,善人是富。“虽有周亲,不如仁人。百姓有过,在予一人”。

谨权量,审法度,修废官,四方之政行焉。兴灭国,继绝世,举逸民,天下之民归心焉。

所重:民、食、丧、祭。

宽则得众,信则民任焉。敏则有功,公则说。

【注】

尧:中国远古时的帝王,他把帝位禅让给舜。《史记·五帝本纪》有载。《集注》:“此尧命舜而禅以帝位之辞。咨,嗟叹声。历数:帝王相继之次第,犹岁时节气之先后也。允,信也。中者,无过不及之名。四海之人困穷,则君禄亦永绝矣,戒之也。”

《集释》引皇侃疏:“……尔,汝也,躬,身也。尧命舜曰:天位列次,次在汝身,故我今命授与汝也。允,信也。执,持也。中,谓中正之道也。四海,谓四方蛮夷戎狄之国也。困,极也。穷,尽也。”

允执其中:此四字是《论语》的原文。据《集释》引《论语稽求篇》,曹魏禅位于晋的诏书,以及南朝、宋、齐、梁、陈的禅位诏书,其文一辙,皆曰:“敬禅神器,授帝位于尔躬。四海困穷,天禄永终。呜呼!王其允执厥中,仪行前典,以副昊天之望。”此后即以“其中”为“厥中”。清代故宫太和殿即据此写成“允执厥中”。

天禄永终:《集释》:“(永终),汉魏以还,俱解‘永长’典午以后,始解‘永绝’。”按:“典午”乃“司马”的隐语,“典午以后”指司马昭篡魏建立晋朝以后。《集释》程按:“永终二字,原有两义,然自魏晋已有作‘永绝’解者,则其来已久。”《集注》用了后起的“永绝”之义。这恐非《论语》原意。

予小子:商汤自称。

履:商汤的名。

玄:黑色。

牡:公牛。

昭:明白。

皇:大。皇皇,伟大。

后帝:天帝。后,君主、帝王。

帝臣:古人有三种理解,一种认为指桀。皇侃《论语义疏》:“此明有罪之人也。帝臣谓桀也。桀是天子,天子事天,犹臣事君,故谓桀为帝臣也。”另一种认为指天下贤人。朱熹《集注》即持此观点。韩愈《论语笔记》则认为:“帝臣,汤自谓也,言我不可隐蔽桀之罪也。”第一种理解比较合理。

简:简察,知道。

朕:我。从秦始皇开始专用作帝王自称。

赉(lài):赏赐,此处指大封诸侯。《集解》:“此伐桀告天之文。殷家尚白,未变夏礼,故用玄牡。皇大后,君也。大,大君,帝,谓天帝也。”

谨权量,审法度,修废官:《集注》:“权,称锤也。量,斗斛也。

法度,礼乐制度皆是也。"

兴灭国,继绝世,举逸民:《集注》:"兴灭继绝谓封黄帝、尧、舜、夏、商之后。举逸民,谓释箕子之囚,复商容之位。三者皆人心之所欲也。"

所重:民、食、丧、祭:《集解》:"孔曰:'重民,国之本也。重食,民之命也。重丧所以尽哀,重祭所以致敬。'"

【译文】

尧说:"啊!你,舜!上天的使命已落到你身上了,要真诚地执行那中庸之道。如果天下百姓贫穷困难,那么,上天赐给你的地位也就永远终止了。"

帝舜禅让帝位时,也把尧的话嘱咐了禹。

(商汤)说:"我小子履谨用黑色的公牛禀告光明伟大的上帝:有罪的人,我不敢擅自赦免。(桀)的罪过我也不敢隐瞒,您是早就知道的。我有罪过,不要牵连天下万方的百姓;各方有罪,都由我来承担。"

周代大发赏赐(分封诸侯),善人都富贵起来。"虽有周代的亲族,还不如有仁道的人。百姓有过错,责任在我一个人身上"。

谨慎制定度量衡,审查各种法规制度,恢复被废除的官职,天下的政令就能通行。恢复被灭亡的国家,继续断绝了的世族,提拔隐逸的人才,天下百姓就会从心里归顺服从。

国家所重视的是:民众、粮食、丧礼、祭祀。

宽厚就会得到民众的拥护,诚信民众就会信任。勤敏就会取得成功,办事公平,大家都喜悦。

20.2 子张问孔子曰:"何如斯可以从政矣?"

子曰:"尊五美,屏四恶,斯可以从政矣。"

子张曰:“何谓五美?”

子曰:“君子惠而不费,劳而不怨,欲而不贪,泰而不骄,威而不猛。”

子张曰:“何谓惠而不费?”

子曰:“因民之所利而利之,斯不亦惠而不费乎?择可劳而劳之,又谁怨?欲仁而得仁,又焉贪?君子无众寡,无大小,无敢慢,斯不亦泰而不骄乎?君子正其衣冠,尊其瞻视,俨然人望而畏之,斯不亦威而不猛乎?”

子张曰:“何谓四恶?”

子曰:“不教而杀谓之虐;不戒视成谓之暴;慢令致期谓之贼;犹之与人也,出纳之吝谓之有司。”

【注】

斯:就。

从政:从,从事,参与。

屏四恶:排除四种恶政。屏,通“摒”。《广雅·释诂》:“摒,除也。”

费:损。《广雅·释言》:“费,损也。”引申为“花费”。

泰:安适舒泰。

尊其瞻视:使其瞻视尊。王筠《说文句读》:“唯《论语》‘尊其瞻视’是临下之意”,即仪态尊贵临下而视。”

四恶:《集注》:“虐,谓残酷不仁。暴,谓卒遽无渐。致期,刻期也。贼者,切害之意。缓与前而急于后,以误其民,而必刑之,是贼之害也。犹之,犹言均之也。均之以物与人,而于其出纳之际,乃或吝而不果,则是有司之事,而非为政之体。所与虽多,人亦不怀其惠矣。”

出纳之吝:出手吝啬。

有司:本为官吏统称。这里指库吏之类的小官吏,他们在财务出入时都要精确计算。从政人员如果也这样，就显得吝啬刻薄而小家子气了。

【译文】

子张向孔子问道："怎样才可以从事政治？"

孔子说："尊崇五种美德，摒除四种恶行，就可以从事政治了。"

子张说："什么叫五种美德？"

孔子说："君子给百姓以恩惠，自己却无所耗费；劳役百姓，百姓却不怨恨；追求仁德却没有贪欲；安泰矜持却不骄傲，仪态威严却不凶猛。"

子张说："什么叫施惠于百姓而自己却无所耗费？"

孔子说："叫百姓去做对自己有利的事，这不就是给百姓以恩惠而官员自己却无所耗费吗？选择老百姓可以做的事而叫老百姓去做，还有谁会怨恨呢？想要仁德而到了仁德，还贪求什么呢？君子无论人多人少，势力大势力小都不敢轻慢，这不就是安泰矜持却不骄傲吗？君子衣冠整齐，目光严肃庄重，使人尊敬，这不就是威严而不凶猛吗？"

子张问："什么是四种恶政？"

孔子说："不进行教化就杀戮，叫做虐；不事先告诉，却突然要看成果，叫做暴；开始松懈却突然限期完成，叫做贼；答应给百姓财物，却吝啬不兑现，叫做小会计。"

20.3 孔子曰："不知命，无以为君子也；不知礼，无以立也；不知信，无以知人也。"

【注】

知命：《集注》："程子曰：'知命者，知有命而信之也。人不知命，则见害必避，见利必趋，何以为君子？'"

当代哲学家李泽厚在《论语今读》中，对“命”有新的阐释：“命也者，不知所以然而然者，”即人力所不能控制、难以预测的某种外在力量、前景遭遇或结果。所以可以说，“命”是偶然性，“不知命无以为君子也”，就是说不懂得、不认识外在力量的这种非可掌握的偶然性（极其重要），不足以为“君子”。就人生总体来讲，总被偶然性影响着支配着，现代社会生活更是如此。如何注意、懂得、认识重视偶然性，与偶然性抗争（这抗争包括利用掌握等），从而从偶然性中建立起属于自己的“必然”，者就是“立命”“造命”。

知礼：《集注》：“不知礼，则耳目无所加，手足无所措。”

知言：《集注》：“言之得失可以知人之邪正。”

【译文】

孔子说：“不懂得命运，不能做君子；不懂礼，就不能自立；不了解别人言论的真意，就不能了解说话人。”

图书在版编目（CIP）数据

论语新注 / 周廉溪, 周海颖译注. —青岛 : 中国海洋大学出版社, 2018.12

ISBN 978-7-5670-2201-0

Ⅰ. ①论… Ⅱ. ①周… ②周… Ⅲ. ①儒家②《论语》—注释 Ⅳ. ①B222.22

中国版本图书馆CIP数据核字（2019）第085356号

出版发行　中国海洋大学出版社

社　　址　青岛市香港东路23号　　邮政编码　266071

出 版 人　杨立敏

网　　址　http://pub.ouc.edu.cn

电子信箱　44066014@qq.com

订购电话　0532-82032573（传真）

责任编辑　郭周荣　　电　　话　0532-85902349

装帧设计　孙友军

印　　制　青岛新华印刷有限公司

版　　次　2019年6月第1版

印　　次　2019年6月第1次印刷

成品尺寸　170 mm × 240 mm

印　　张　19

字　　数　152千

印　　数　1 ~ 1 000册

定　　价　68.00元